랭체인 완벽 입문

혁신적인 LLM 앱을 구축하기 위한 랭체인 활용법

랭체인 완벽 입문

혁신적인 LLM 앱을 구축하기 위한 랭체인 활용법

지은이 타무라 하루카

옮긴이 최용

펴낸이 박찬규 엮은이 전이주 디자인 북누리 표지디자인 Arowa & Arowana

펴낸곳 위키북스 전화 031-955-3658, 3659 팩스 031-955-3660

주소 경기도 파주시 문발로 115, 311호 (파주출판도시, 세종출판벤처타운)

가격 27,000 페이지 276 책규격 175 x 235mm

초판 발행 2024년 02월 22일

ISBN 979-11-5839-494-3 (93000)

등록번호 제406-2006-000036호 등록일자 2006년 05월 19일

홈페이지 wikibook.co.kr 전자우편 wikibook@wikibook.co.kr

LangChain Kanzen Nyumon
Copyright © 2023 Haruka Tamura
Korean translation rights arranged with Impress Corporation
through Japan UNI Agency, Inc., Tokyo and Botong Agency, Gyeonggi-do

랭체인 완벽 입문

혁신적인 LLM 앱을 구축하기 위한 랭체인 활용법

타무라 하루카 지음 / 최용 옮김

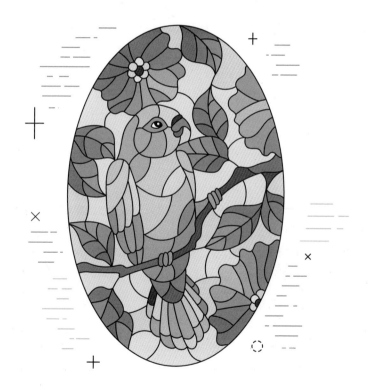

위키북스

[예제코드 다운로드]

이 책의 소스코드는 다음 URL의 깃허브에서 내려받을 수 있습니다. 자세한 내용은 본문 32쪽을 참조해 주세요.

- https://github.com/wikibook/langchain

█ 머리말

2022년 11월에 출시된 대규모 언어 모델(LLM: Large Language Model)을 활용한 AI인 챗지피티(ChatGPT)의 충격적인 성능으로 인해 많은 개발자들이 대규모 언어 모델을 활용한 애플리케이션 개발에 눈을 돌리게 됐다.

실제로 대규모 언어 모델을 사용한 애플리케이션이 많이 출시되어 많은 사용자들이 이용하고 있다. 이러한 애플리케이션은 대부분 랭체인(LangChain)을 이용해 개발되고 있으며, 이 책을 집필하는 현재 사실상 표준으로 자리 잡고 있다.

랭체인은 대규모 언어 모델을 활용한 애플리케이션 개발에서 일반적으로 사용되는 기능을 쉽게 사용할 수 있게 만든 라이브러리로, 단기간에 적은 노력으로 높은 품질의 애플리케이션을 구축하는 데 도움이 된다.

또한, 랭체인은 '대규모 언어 모델을 어떻게 사용하면 지금까지 잘 해내지 못했던 작업이나 할 수 없었던 일을 할 수 있게 될까'라는 과제 연구를 바탕으로 새로운 기능을 구현하고 있다. 랭체인 학습은 빠르게 진화하는 LLM과 주변 기술을 배우고 실천할 수 있는 지름길이라고 할 수 있다.

챗지피티를 필두로 한 대규모 언어 모델의 성능 향상과 랭체인과 같은 주변 기술의 발전으로, AI를 전공하지 않은 엔지니어도 아이디어만 있으면 충분히 혁신적인 애플리케이션을 개발할 수 있는 시대가 도래했다고 생각한다.

이 책에서는 실용적인 애플리케이션 개발을 할 수 있게 한다는 점에 초점을 맞추어, 대규모 언어 모델 자체의 난해한 구조나 역사에 대한 설명은 최대한 배제하고, 대규모 언어 모델을 사용한 애플리케이션으로 어떤 일을 할 수 있는지, 그리고 이를 위해서는 어떻게 코드를 작성해야 하는지를 애플리케이션을 만들면서 학습한다.

하지만 랭체인을 사용한 개발에는 웹 애플리케이션 개발이나 스마트폰 앱 개발과는 다른 지식이 필요하다. 이 책에서는 이러한 지식에 대해서도 설명하면서 랭체인을 사용해 실무적인 코드를 작성하면서 배울 수 있도록 구성했다. 향후 랭체인보다 더 유용한 라이브러리가 등장하거나 어떤 이유로 랭체인을 사용하지 않기로 결정하더라도, 이러한 지식은 대규모 언어 모델을 사용한 애플리케이션 개발에 도움이 될 것이다.

대규모 언어 모델의 사용법은 아직 다양한 가능성을 가지고 있으며, 각자의 창의력으로 새로운 한 걸음을 찾는 모색의 단계라고 생각한다. 이 책을 손에 쥔 여러분의 창의력과 기술력이 앞으로의 대규모 언어 모델을 활용한 개발 세계에 새로운 가치를 가져다줄 것으로 기대하며, 랭체인을 통해 미래의 애플리케이션 개발에 도전해 보기 바란다!

2023년 9월 타무라 하루카(田村 悠)

{ CHAPTER **1** } 챗지피티와 랭체인

챗지피티와
랭체인

#ChatGPT #언어 모델 #GPT

챗지피티와 언어 모델에 관해 알아보기

언어 모델의 기본을 익히자

챗지피티는 OpenAI가 개발한 대화 형식으로 대화하면서 문장 등을 생성할 수 있는 AI 다. 먼저 챗지피티와 언어 모델에 대해 알아보자.

▌챗지피티란?

OpenAI가 2022년 11월에 공개한 챗지피티(ChatGPT)는 AI와 대화할 수 있는 웹 서비스다. 마치 사람이 하는 것처럼 자연스러운 응답을 할 수 있고, 번역과 같은 작업을 매우 높은 정확도 로 수행할 수 있어 화제가 됐다. 출시 후 몇 달 만에 1억 명 이상의 사용자를 확보한 것으로 알 려져 있으며, 놀라운 속도로 사용자 수가 증가하고 있다.

ChatGPT 3.5 ˅

You
ChatGPT가 인기 있는 이유는 무엇입니까?

ChatGPT
ChatGPT가 인기 있는 이유는 다양한 요인이 있습니다. 그 중 일부는 다음과 같습니다:

1. 자연스러운 대화 능력: ChatGPT는 사람처럼 자연스러운 대화를 할 수 있는 능력을 갖추 고 있습니다. 이는 사용자와의 상호작용을 더욱 즐겁게 만들어주며, 대화 파트너로서 효 과적으로 기능합니다.
2. 다양한 응용 분야: ChatGPT는 다양한 응용 분야에서 사용될 수 있습니다. 예를 들어, 고 객 서비스 챗봇, 문서 작성 보조 도구, 학습 지원 도구, 개인 비서, 언어 번역 등 다양한 용 도로 활용할 수 있습니다.
3. 대용량 데이터로 학습: ChatGPT는 대용량의 다양한 데이터로 학습되었으며, 이를 통해 다양한 주제와 상황에 대한 이해력을 갖추고 있습니다. 이로써 사용자의 질문과 요청에 대답하기 위한 정보를 다양하게 다룰 수 있습니다.
4. 개선된 성능: ChatGPT는 지속적으로 개선되고 업데이트되어 더 나은 성능을 제공하려 고 노력합니다. 이를 통해 사용자 경험을 지속적으로 향상시키고 신뢰성을 높입니다.
5. 개방적인 API: OpenAI가 제공하는 ChatGPT API를 통해 다른 개발자와 기업은 ChatGPT 를 자신들의 소프트웨어 및 서비스에 통합할 수 있습니다. 이로써 더 많은 사람들이 ChatGPT를 활용할 수 있게 됩니다.
6. 연구적인 관점: ChatGPT 개발은 자연어 처리 및 인공 지능 연구 분야에 기여하며, 이러 한 연구 결과가 더 나은 인공 지능 모델의 개발에 도움이 됩니다.

종합적으로, ChatGPT는 뛰어난 자연어 처리 능력과 다양한 응용 가능성으로 많은 사용 자와 기업에게 매력적인 솔루션으로 인기를 ↓ 고 있습니다.

🗍 👍 👎 ↻

챗지피티는 사람과 대화하면서 다양한 작업을 할 수 있는 웹서비스다

https://chat.openai.com/

챗지피티에 사용되는 GPT란?

챗지피티에는 OpenAI가 개발한 언어 모델인 GPT라는 기술이 사용된다. 언어 모델이란 인간의 언어(자연어)를 컴퓨터가 이해할 수 있게 하고, 이를 바탕으로 텍스트를 생성하기 위한 알고리즘이나 프로그램을 말한다.

자연어를 다루는 인공지능(AI)은 이전부터 존재했다. 예를 들어, 문장을 번역하는 번역 AI, 수신된 메일의 문장을 보고 스팸인지 아닌지를 판단하는 스팸메일 필터, 문자 변환 예측[1] 등이 있다.

기존에는 용도별로 각각의 모델을 준비해야 했지만, GPT는 엄청나게 많은 다양한 종류의 텍스트로 학습해 다양한 작업에 대응할 수 있는 언어 모델이다.

OpenAI는 이 GPT를 API로 공개하고 있으며, 직접 만든 애플리케이션에서 사용할 수 있게 하고 있다.

▌OpenAI의 API에서 사용할 수 있는 대표적인 두 가지 언어 모델

OpenAI가 개발하고 있는 대표적인 언어 모델은 크게 두 가지로 분류되며, 각각 'Chat'과 'Complete'라는 이름으로 불린다. 이들은 각각 고유한 기능과 목적을 가지고 있으며, 인터페이스도 다르다.

'Chat' 모델은 대화형 상호작용 생성에 특화된 모델이다. 구체적으로는 사용자의 질문, 댓글, 의견 등에 대한 답변을 생성하고, 그 답변을 바탕으로 대화를 나눌 수 있다. 그 결과, 사용자와 AI와의 자연스러운 대화가 가능해진다. 이러한 유형의 모델은 챗지피티와 같은 애플리케이션에서 사용되고 있다.

'Complete' 모델은 주어진 텍스트에 이어 텍스트를 생성한다. 어느 정도 정보나 이야기의 시작을 제공하면 이를 바탕으로 텍스트를 자동으로 보완할 수 있다. 예를 들어, 처음 몇 문장을 주면 그다음 이야기나 논리적 결론을 도출해낼 수 있다.

---

1 (옮긴이) 한국어 키보드에는 모든 한글 자모에 대응하는 글쇠가 있지만, 그렇지 못한 언어도 있다. 일본어가 그 예로, 일본어를 입력할 때는 키보드로 로마자를 타자하면 그에 맞는 히라가나를 예측해 나열하는 것과 같은 기능이 필요하다. 이를 '문자 변환 예측'이라고 부른다.

이 두 모델은 각기 다른 상황에 쓰인다.

Chat에서 사용할 수 있는 모델 소개

GPT는 GPT-1, GPT-2, GPT-3, GPT-3.5, GPT-4 등 여러 버전으로 출시됐다.

이 글의 집필 시점(2023년 9월)에 Chat에서 사용을 권장하는 버전은 GPT-3.5 계열과 GPT-4 계열의 두 가지다. 둘 다 대체로 동일한 작업을 수행할 수 있지만, 성능(매개변수 수)과 처리할 수 있는 입력 데이터의 종류에 차이가 있다.

GPT-4는 GPT-3.5에 비해 매우 많은 수의 매개변수로 학습되어 높은 정확도로 고도화된 처리를 할 수 있다. 또한 GPT-3.5가 처리할 수 있는 입력은 텍스트뿐이지만, GPT-4는 이미지 입력 대응 등 멀티모달(다양한 종류의 데이터를 처리하는 것)을 지원한다.

단, GPT-4 계열의 API는 등록만으로는 사용할 수 없으며, OpenAI가 제공하는 GPT-4의 API는 이 책을 집필하는 시점에 일부 사용자에게만 공개돼 있고, GPT-3.5에 비해 API 이용료가 비싸게 책정돼 있다. 이번에 소개하는 용도로는 GPT-3.5로도 충분한 성능을 낼 수 있으므로 이 책의 설명은 GPT-3.5를 전제로 한다.

이 GPT-3.5 시리즈에는 다음과 같은 모델이 있다.[2]

- gpt-3.5-turbo

- gpt-3.5-turbo-16K

- gpt-3.5-turbo-16K-0613

- gpt-3.5-turbo-0613

- gpt-3.5-turbo-0301

API를 호출할 때 이러한 모델 이름을 지정하면 해당 모델을 사용한 결과를 얻을 수 있다. 최적의 모델을 선택해 활용하면 보다 적절한 결과를 얻을 수 있다.

---

2   (옮긴이) gpt-3.5-turbo-0301, gpt-3.5-turbo-0613, gpt-3.5-turbo-16k-0613 모델은 2024년 6월 13일에 종료될 예정이며 gpt-3.5-turbo-1106을 대신 사용한다. https://platform.openai.com/docs/deprecations/deprecation-history를 참조.

모델 선택 시 컨텍스트 길이를 고려해야 한다

gpt-3.5-turbo-16k는 16k(16,000)의 컨텍스트 길이를 처리할 수 있음을 의미한다. 컨텍스트 길이는 모델이 한 번에 처리할 수 있는 텍스트의 길이(토큰 수)를 의미한다. 현재 Chat 모델은 이 컨텍스트 길이를 초과하는 텍스트를 처리할 수 없고, 그 이상 길이의 텍스트를 입력할 수 없다. 16k가 붙지 않는 일반 모델은 4k(4,000)까지이므로 16k의 컨텍스트 길이를 가진 모델이라면 그 4배 길이의 텍스트를 처리할 수 있다. 따라서 긴 문장을 분석하거나 생성하는 데 적합하다.

gpt-3.5-turbo-16k는 gpt-3.5-turbo에 비해 API 이용료가 높지만, gpt-3.5-turbo에서 컨텍스트 길이 제한을 초과하는 경우 사용을 고려해 보자.

모델 업데이트 정보

GPT-3.5, GPT-4의 업데이트는 '증분 업데이트' 형식으로 진행된다. '증분 업데이트'는 조금씩 기능을 추가하거나 수정하는 방식으로, 전체 기능 수정에 시간을 들이는 대신 단기간에 반복적으로 수정하는 개발 방식이다. 사용자는 항상 최신 모델을 사용할 수 있고, 결과적으로 더 높은 품질의 경험을 제공할 수 있다.

gpt-3.5-turbo, gpt-3.5-turbo-16k 등 뒤에 4자리가 없는 모델은 최신 모델임을 의미한다. 이 모델들은 업데이트가 이뤄지면 자동으로 업데이트된다.

뒤에 4자리 숫자가 붙은 경우(예: gpt-3.5-turbo-0613)는 특정 버전이 고정된 것으로, 이후 업데이트가 반영되지 않는다. 이러한 고정 버전 모델은 특정 결과가 필요하거나 업데이트로 인한 결과의 변동을 피하고 싶을 때 사용된다.

기본적으로 최신 모델이 가장 정확도가 높은 것으로 알려져 있지만, 사용 방법에 따라서는 이전 버전의 모델이 더 좋은 결과를 보일 수도 있다. 실제로 GPT를 이용한 애플리케이션을 개발할 때 모델 업데이트로 인한 정확도 변화를 막기 위해 버전을 고정하는 것도 고려해 볼 수 있다.

Complete에서 사용 가능한 모델

현재 Complete에서 사용할 수 있는 모델은 GPT-3.5 계열만 존재하며, GPT-4 계열은 존재하지 않는다.

Complete에는 다음과 같은 모델이 있다.

- gpt-3.5-turbo-instruct
- davinci-002
- babbage-002

gpt-3.5-turbo-instruct는 다양한 작업에 가장 다재다능한 것으로 알려져 있다. 문제 해결, 문장 생성, 질문 응답, 대화 생성 등 다양한 용도로 사용할 수 있다.

이 책에서는 gpt-3.5-turbo-instruct를 사용한다.

davinci-002, babbage-002는 개발자가 특정 작업에 맞게 훈련할 수 있는 모델이지만, 이번에는 대상에서 제외한다.

API 요금에 대해

OpenAI의 API는 사용량에 따라 요금이 부과되는 종량제를 채택하고 있다. 여기서 사용량은 API 호출 횟수가 아닌, 사용한 토큰 수를 기준으로 한다.

'토큰'은 언어 모델이 정보를 처리할 때 사용하는 최소 단위를 말한다. 이 단위는 언어에 따라 다른데, 예를 들어 영어는 1단어가 1토큰에 해당하지만, 한국어는 영어보다 토큰 수가 많은 편으로 1문자당 1~2토큰 정도인 경우가 많다.

수수료는 송신한 입력 토큰과 수신한 출력 토큰 모두에 대해 발생한다. 입력 토큰은 API에 보내는 문장의 길이에 따라 계산되며, 예를 들어 한국어로 1,000자의 문장을 보내면 1,000~2,000토큰 정도의 입력 토큰에 대한 과금이 발생한다. 마찬가지로, 출력 토큰은 API에서 응답하는 문장의 길이에 따라 계산된다.

토큰 단위 요금은 사용하는 언어 모델에 따라 다르다. 이 책에서 주로 소개하는 gpt-3.5-turbo 모델, gpt-3.5-turbo-instruct 모델을 예로 들면, 입력 토큰은 1,000토큰당 0.0015달러, 출력 토큰은 1,000토큰당 0.002달러다. 다른 모델을 사용할 때는 해당 공식 문서를 확인해야 한다.

OpenAI의 API를 처음 사용할 경우, 처음 3개월 동안 5달러의 무료 크레딧이 제공되지만, 신용카드를 등록하면 무료 크레딧이 사라지므로, OpenAI의 API를 처음 사용하고 API 이용료를 절약하고 싶다면 신용카드를 등록하지 않고 사용하는 것이 좋다.

OpenAI 이외의 언어 모델 알아보기

언어 모델은 다양한 기업과 단체에서 개발하고 있다. 여기서는 OpenAI 이외의 언어 모델을 간략하게 살펴보자.

먼저 OpenAI의 전 멤버가 설립한 앤트로픽(Anthropic)에서 개발한 클로드 2(Claude 2)라는 언어 모델을 소개한다.

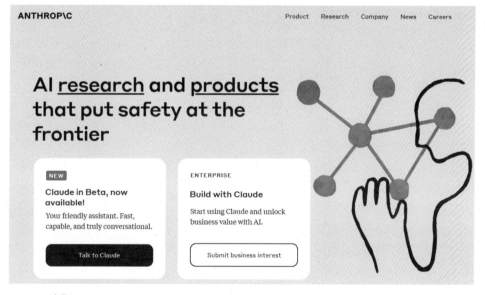

Anthropic의 클로드 2
https://www.anthropic.com/

클로드 2의 가장 큰 특징은 컨텍스트 길이가 길다는 것이다. GPT-3.5에서 사용할 수 있는 컨텍스트 길이는 가장 긴 것이 16k 토큰이지만, 클로드 2는 100k(100,000) 토큰으로 매우 길다. 이렇게 길면, 예를 들어 하나의 프로젝트 전체 소스코드를 생성하고 버그를 수정하는 등,

GPT-3.5에서는 할 수 없는 일을 수행할 수 있다. 클로드 2도 GPT와 마찬가지로 활발한 업데이트가 이뤄지고 있어 앞으로의 발전이 기대된다.

인스타그램과 페이스북을 운영하는 메타(Meta)에서는 라마(Llama)라는 언어 모델을 개발 중인데, 라마의 특징은 오픈소스로 개발되고 모델도 공개돼 있어 원하는 대로 커스터마이징이 가능하다는 점이다.

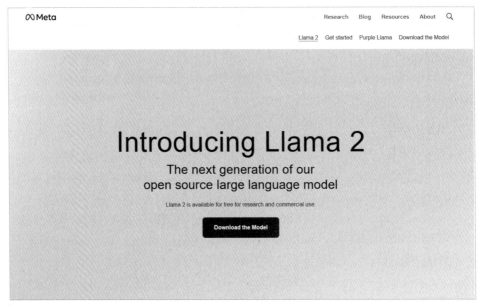

Meta가 개발한 언어 모델 Llama(라마)의 웹 페이지. 집필 시점의 최신 버전은 Llama 2다
https://ai.meta.com/llama/

GPT-3.5나 클로드 2는 API가 제공되어 언어 모델 자체를 커스터마이징하는 것이 기본적으로 불가능하지만 라마는 가능하다. 이미 여러 가지 파생 버전이 자원봉사자들에 의해 개발되고 있다. 예를 들어 원래 컨텍스트 길이인 4k를 16k로 확장하거나, 한국어로 질문해도 영어로 답하는 경향을 개선할 수 있다. 이러한 사용자에 의한 언어 모델 자체의 수정은 OpenAI와 같은 폐쇄적인 언어 모델로는 불가능하기 때문에 앞으로의 성장이 기대되는 부분이다.

Column **poe.com에서 다양한 언어 모델 사용해 보기**

poe.com은 쿼라(Quora)라는 미국 기업이 운영하는 다양한 언어 모델을 사용할 수 있는 서비스다. 쿼라에서 사용할 수 있는 언어 모델 두 가지를 알아보자.

첫 번째는 메타가 개발한 라마 2다. 소스코드뿐만 아니라 각기 다른 매개변수 수로 학습된 여러 모델이 준비돼 있다. 70억, 130억, 700억 개[3]의 매개변수로 학습된 모델이 공개돼 있으며, 메타 사이트에서 다운로드받으면 내 컴퓨터에서 언어 모델을 작동시킬 수 있다.

언어 모델의 매개변수 수는 AI의 '두뇌'에 해당하는 부분의 세밀함과 복잡성을 나타내는 수치다. 매개변수 수가 늘어날수록 언어 모델의 성능은 좋아지는 경향이 있지만, 그만큼 컴퓨터의 처리 성능이 높아져야 한다. 대략적인 예시로 70억 개의 매개변수라면 고성능 맥북 프로에서도 구동이 가능하지만, 700억 개의 매개변수를 가진 모델은 대학 연구실이나 데이터센터 등에서 사용하는 고성능 컴퓨터가 아니면 구동이 어렵다. 하지만 poe.com을 이용하면 웹상에서 이용할 수 있다.

앤트로픽의 클로드 2도 poe.com에서 이용할 수 있다. 앤트로픽도 OpenAI의 챗지피티와 같이 언어 모델을 이용할 수 있는 웹 서비스를 공개하고 있지만, API를 이용하려면 별도로 신청해야 하며, OpenAI에 비해 진입장벽이 높은 편이다.

언어 모델의 장단점을 실감할 수 있는 몇 안 되는 사이트이니 꼭 한번 검토해 보기를 권한다.

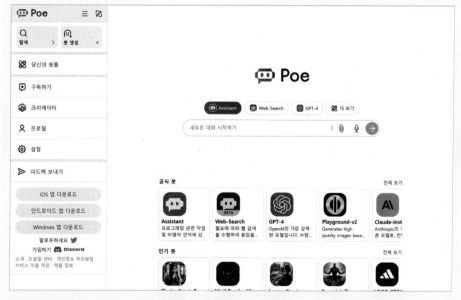

poe.com의 채팅 화면. 입력창 부분에서 모델(봇)을 선택해 대화할 수 있다
https://poe.com/

---

3   (옮긴이) 흔히 10억(billion)을 나타내는 B를 붙여 7B, 13B, 70B와 같이 표기한다.

{02} 랭체인 개요

랭체인은 개발 효율
화를 위한 도구

랭체인은 언어 모델을 이용한 애플리케이션 개발을 도와주는 라이브러리다. 어떤 일을
할 수 있는지 대략적인 내용을 알아보자.

▌ 언어 모델을 이용한 애플리케이션 개발

GPT-3.5와 같은 고성능 언어 모델의 등장으로 기존 절차적 프로그래밍에서 어려웠던 기능
개발을 손쉽게 할 수 있게 됐다.

예를 들어, 컴퓨터가 자연어를 이해하고 어미를 바꾸거나 문장의 표현을 다듬는 등의 처리는
기존에는 매우 어렵고 전문적인 지식이 필요했다. 하지만 GPT-3.5와 같은 언어 모델을 사용
하면 '다음 문장을 고등학생도 이해할 수 있도록 알기 쉽게 고쳐줘'라고 지시하는 것만으로 그
작업이 가능해졌다.

하지만 언어 모델만으로는 불가능한 작업도 있다. 예를 들어, 학습한 지식의 범위를 벗어난 정
보에 대해 대답하게 할 수 없고, 논리적으로 너무 복잡한 작업에는 대응할 수 없으며, 결국 텍
스트 교환만 할 수 있다.

이러한 한계를 극복하기 위한 방법론도 만들어지고 있다. 예를 들어, 언어 모델이 알지 못하는
정보에 대해 대답하게 하는 RAG(Retrieval-Augmented Generation, 검색 증강 생성), 추
론과 행동을 언어 모델 스스로 판단해 인터넷 검색이나 파일 저장 등을 자율적으로 수행하게
하는 ReAct(Reasoning and Acting, 추론 및 행동) 등이 있다.

이러한 기법을 사용해 목적에 맞는 기능을 개발하는 것이 '언어 모델을 이용한 애플리케이션
개발'이다. 이 책에서는 랭체인의 사용법을 배우면서 언어 모델의 사용법을 익히는 것에서 더
나아가 어떤 것들이 가능한지 살펴보겠다.

▌랭체인으로 언어 모델을 이용한 애플리케이션 개발이 쉬워진다

랭체인은 언어 모델을 활용한 애플리케이션 개발을 지원하는 오픈소스 라이브러리다. 업데이트가 자주 이뤄지고 있으며, 활발하게 개발이 진행되고 있다. 다만, 랭체인은 언어 모델이 아니라 개발을 돕는 라이브러리이므로 외부 언어 모델과 함께 사용해야 한다.

OpenAI의 언어 모델은 API를 통해 쉽게 이용할 수 있지만, API를 호출하는 것만으로는 복잡한 애플리케이션을 개발하기 어렵다. 그래서 랭체인을 사용하면 복잡한 애플리케이션을 쉽게 개발할 수 있다. 앞서 설명한 RAG나 ReAct 같은 기법을 이용한 개발도 랭체인을 통해 쉽게 구현할 수 있다.

랭체인과 OpenAI와 같은 고급 언어 모델을 결합해, 간단한 텍스트를 생성하는 것뿐만 아니라 자연어를 이해하고, 특정 문제에 대한 답을 생성하거나 특정 환경에서 작동하는 애플리케이션을 개발하는 등 기존의 절차적 프로그래밍에서 어려웠던 작업을 효율적으로 수행할 수 있다.

▌랭체인에 준비된 6개의 모듈

랭체인에는 6개의 모듈이 준비돼 있다. 이 모듈들은 각각 할 수 있는 일이 다르다. 단독으로도 사용할 수 있지만, 여러 개를 조합해 복잡한 LLM(대규모 언어 모델) 애플리케이션을 효율적으로 만들 수 있다.

Model I/O – 언어 모델을 쉽게 다룰 수 있다

언어 모델을 이용한 애플리케이션을 개발하기 위해서는 언어 모델을 호출해야 한다. 언어 모델을 호출하기 위해서는 입력인 '프롬프트 준비', '언어 모델 호출', '결과 수신'의 세 단계가 필요하다. Model I/O 모듈에서는 이 세 단계를 쉽게 구현할 수 있는 기능을 제공한다.

이 모듈만으로 할 수 있는 일은 그리 많지 않지만, 다른 모듈과 함께 사용하면 그 진가를 발휘할 수 있다.

Retrieval – 알 수 없는 데이터를 다룰 수 있다

앞서 설명한 바와 같이 언어 모델에는 미지의 정보를 다룰 수 없다는 문제가 존재하는데, Retrieval 모듈은 Retrieval-Augmented Generation(RAG)를 통해 이 문제를 해결한다.

이 모듈을 이용해 가지고 있는 PDF 파일에 대해 질문하거나, 수백만 건의 Q&A가 저장된 CSV 파일을 기반으로 고객 지원을 할 수 있는 챗봇 등을 만들 수 있다.

Memory – 과거의 대화를 장 · 단기적으로 기억한다

이전 문맥을 고려한 대화 형식으로 언어 모델이 응답하게 하려면, 이전까지의 대화를 모두 API 로 전송해야 한다. 이러한 기능을 구현하기 위해서는 과거의 대화를 데이터베이스 등에 저장해 언어 모델을 호출할 때 불러와야 하는데, Memory 모듈은 이러한 대화 기록을 저장하고 쉽게 불러올 수 있는 기능을 제공한다.

이 모듈을 사용하면 챗지피티처럼 사용자가 여러 개의 스레드를 가지고 각각의 대화 기록에 따라 답변할 수 있다.

Chains – 여러 프로세스를 통합한다

랭체인에서는 여러 모듈과 다른 기능을 조합해 하나의 애플리케이션을 만들 수 있는데, Chains 모듈은 이러한 조합을 쉽게 할 수 있는 기능을 제공한다.

어디까지나 조합을 목적으로 하는 모듈이기 때문에 단독으로 사용하는 것은 기본적으로 불가 능하다.

실제로 언어 모델을 이용한 애플리케이션을 개발할 때 사용하는 모듈이 한 가지인 경우는 많지 않은데, Chains 모듈을 사용하면 여러 모듈에 걸친 복잡한 기능 개발을 쉽게 할 수 있다.

Agents – 자율적으로 외부와 상호작용해 언어 모델의 한계를 뛰어넘는다

Agents 모듈은 주로 ReAct나 OpenAI Function Calling이라는 기법을 사용해 언어 모델 호출로는 대응할 수 없는 작업을 실행할 수 있다.

언어 모델의 입력과 출력은 텍스트이기 때문에 언어 모델만으로는 텍스트를 전송하고 텍스트 를 수신하는 것 이상을 할 수 없다. 예를 들어, '경주의 특산물을 검색한 결과를 result.txt 파 일에 저장'하는 작업을 수행하기 위해서는 웹 페이지나 데스크톱의 파일 등 외부 데이터에 언 어 모델이 상호작용을 해야 한다.

Agents 모듈은 이렇게 외부와 상호작용해 다양한 작업을 수행하게 할 수 있다.

Callbacks – 다양한 이벤트 발생 시 처리한다

Callbacks 모듈은 랭체인으로 만든 애플리케이션에서 이벤트 발생 시 처리를 수행하는 기능을 제공한다. 단독으로 사용할 수 없으며, 다른 모듈과 결합하는 것을 전제로 한다. 주로 로그 출력이나 외부 라이브러리와의 연동에서 사용된다.

> **Column** 랭체인에는 파이썬 버전과 타입스크립트 버전이 있다
>
> 랭체인은 파이썬 버전과 타입스크립트(TypeScript) 버전의 두 가지 버전이 있다. 랭체인은 원래 파이썬으로 개발됐다. 파이썬은 데이터 사이언스와 머신러닝 분야뿐만 아니라 웹 개발에서도 널리 사용되는 언어다. 랭체인의 파이썬 버전은 머신러닝 모델 구축 및 학습을 위해 파이썬의 생태계를 최대한 활용할 수 있을 뿐만 아니라, 일반적인 활용도 가능하다.
>
> 타입스크립트는 웹 개발에서 널리 사용되고 있으며, 프런트엔드 엔지니어에게는 사용하기 쉬운 언어로 인식되고 있다. 랭체인의 타입스크립트 버전을 웹 프런트엔드에서 많이 사용되는 Next.js와 결합해 사용하면 쉽게 GPT와 연동된 애플리케이션을 만들 수 있다.
>
> 현재 랭체인은 파이썬 버전부터 개발이 진행되고, 타입스크립트 버전이 이를 추종하는 형태다. 따라서 파이썬 버전에서만 사용할 수 있는 기능이 많이 존재한다. 또한, 파이썬 버전은 타입스크립트 버전에 비해 인터넷상의 정보가 많아 문제가 발생했을 때 쉽게 해결할 수 있다는 장점도 있다.
>
> 따라서 Next.js와 같은 프런트엔드에 편입하는 것을 전제로 하더라도 우선 파이썬 버전에서 어떻게 사용할 수 있는지를 배워보자.

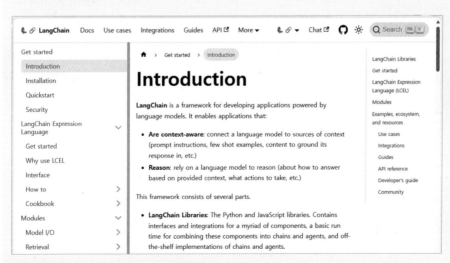

랭체인 공식 문서(파이썬 버전). 자바스크립트/타입스크립트 버전은 오른쪽 상단의 [JS/TS Docs]에서 볼 수 있다

https://python.langchain.com/docs/get_started/introduction.html

랭체인 # 애플리케이션 개발

랭체인을 이용한 애플리케이션 예시

이 책에서 만드는 앱 중 하나를 소개한다

랭체인으로 어떤 애플리케이션을 만들 수 있을까? 이 책에서 만드는 애플리케이션을 살펴보자.

▌PDF에 대해 질문할 수 있는 챗봇

이 책의 3장에서는 Retrieval 모듈을 사용해 언어 모델이 모르는 정보가 적힌 PDF를 불러와 질문하거나 요약할 수 있는 챗봇 애플리케이션을 만들어본다.

예를 들어, 자사 서비스 관련 Q&A 사이트 등에서 질문에 대해 업로드한 PDF 정보를 바탕으로 답변을 생성하는 용도로 활용할 수 있다.

이 예시에서는 chainlit이라는 외부 서비스와 결합해 PDF 파일을 업로드하는 UI를 구현한다

다음의(가상의) '하늘을 나는 자동차에 관한 법률'에 관한 PDF 파일에 대해 "하늘을 나는 자동차의 최고 속도를 알려주세요"라고 질문하면 다음과 같은 답변이 돌아온다.

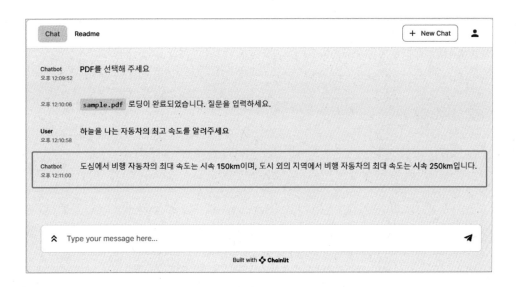

언어 모델은 PDF의 내용을 알지 못하지만, Retrieval 모듈을 사용하면 RAG(Retrieval-Augmented Generation)라는 기법을 사용해, 업로드한 PDF의 정보를 기반으로 응답할 수 있다.

파일 상호작용 및 인터넷 검색이 가능한 챗봇

또한, 6장에서는 Agents 모듈을 사용해 언어 모델만으로는 할 수 없는 인터넷 검색, 파일 저장 등을 할 수 있는 챗봇 애플리케이션을 다음과 같이 만들어본다.

경주시의 특산품을 검색해 result.txt 파일에 한국어로 저장하세요.

그러면 인터넷 검색을 실행한 후 다음과 같은 내용의 텍스트 파일이 생성된다.

주로 경주 한우와 친환경으로 재배한 곤달비, 감포에서 잡은 가자미 등 경주 지역의 특산물을 이용하는 것이 특징. 음식의 종류는 총 4가지로 육부촌 육개장, 곤달비 비빔밥, 가자미 과일 소스 단호박, 전복초가 있다.

이처럼 Agents 모듈에서는 ReAct(Reasoning and Acting)와 OpenAI Function Calling 이라는 기법을 사용해 언어 모델 스스로가 자율적으로 판단해 언어 모델만으로는 할 수 없는 작업을 수행할 수 있게 한다.

Column **챗지피티의 플러그인 기능과의 관계에 대해**

GPT로 PDF에 대해 설명하거나 웹에서 검색할 수 있다는 말을 듣고 챗지피티의 플러그인 기능을 떠올리는 독자도 많을 것이다.

ChatGPT Plus 플랜은 플러그인 기능을 사용할 수 있다

월 20달러를 내고 ChatGPT Plus 플랜에 가입하면 새로운 버전인 GPT-4와 함께 플러그인 기능을 사용할 수 있다. 플러그인 기능은 챗지피티의 능력을 더 확장하기 위한 도구다. 외부 API와의 연동을 통해 챗지피티만으로는 달성할 수 없는 작업을 실현할 수 있다. 예를 들어, 웹에서 정보 검색을 결합해 최신 정보를 바탕으로 답변을 제공하는 브라우징(Browsing) 플러그인[4], 여행 계획을 제안하고 숙박지나 관광지를 제시하는 익스피디아(Expedia) 플러그인, PDF를 업로드하고 그 내용에 대해 질문하는 플러그인도 있다.

이러한 챗지피티의 기능은 랭체인과 중복되는 부분이 있는데, 랭체인과 챗지피티는 어떻게 다를까? 가장 큰 차이점은 챗지피티는 엔지니어가 아닌 일반 사용자도 사용할 수 있는 반면, 랭체인은 개발자를 위한 도구라는 점이다. 챗지피티는 2023년 7월 현재 웹사이트와 공식 앱을 통해 사용할 수 있다. 챗지피티는 결국 일반 사용자들을 위한 것이므로 이러한 준비된 수단으로만 이용할 수 있다. 반면 랭체인은 개발자를 위한 것이다. 내장 여부에 따라 챗지피티와 비교할 수 없을 만큼 다양하고 복잡한 기능을 만들 수 있다. 예를 들어, PDF에 대한 질문은 챗지피티, 랭체인 모두 대응할 수 있다. 하지만 생성된 결과를 파일에 저장하거나 구글 드라이브에 업로드하는 것은 챗지피티에서는 불가능하다. 랭체인을 통해 구글 캘린더, 지메일에서 정보를 가져와 매일 아침 슬랙(Slack)에서 오늘 일정과 할 일 목록을 제안하는 것과 같은 것도 가능해진다. 이처럼 랭체인은 프로그래밍과 결합할 수 있어 다양한 활용 방법이 존재한다. 랭체인을 공부해 나만의 애플리케이션을 만들어보자.

실습 준비

이제부터 컴퓨터를
준비하자!

랭체인을 이용해 개발하려면 개발 환경과 API 키를 준비해야 한다. 개발을 위한 준비 과
정을 알아보자.

█ 파이썬 실행 환경 구축

랭체인을 실행하려면 파이썬이 필요하다. 이 책의 예제는 파이썬 3.10과 3.11 버전에서 테스
트됐다.[1] 또한, 파이썬을 실행하는 환경으로는 비주얼 스튜디오 코드(Visual Studio Code)를
사용한다. 뒤에서 윈도우와 macOS 각각의 경우에 대해 실행 환경 설정을 설명할 것이다. 이
미 설정이 완료된 경우 'OpenAI API 키 받기'로 이동한다.

윈도우의 경우

먼저 시작 메뉴에서 마이크로소프트 스토어(Microsoft Store)를 연다.

Microsoft Store가 열리면 python3를 입력해 검색한다. 다음 화면이 나타나면 [Python
3.11]을 클릭하고, 상세 페이지에서 [설치]를 클릭해 설치한다.

---

1 (옮긴이) 파이썬 버전 3.12 이상을 사용하는 경우 예제 코드가 정상적으로 작동하지 않는다.

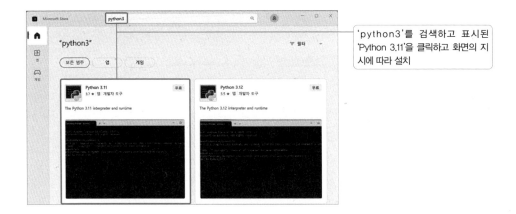

'python3'를 검색하고 표시된 'Python 3.11'을 클릭하고 화면의 지시에 따라 설치

다음으로 개발 환경인 Visual Studio Code(이하 VS Code)를 설치한다. VS Code는 다음 URL에서 무료로 다운로드할 수 있다.

- Visual Studio Code 다운로드 페이지

  https://azure.microsoft.com/ko-kr/products/visual-studio-code

이 페이지의 [Visual Studio Code 다운로드]를 클릭한다.

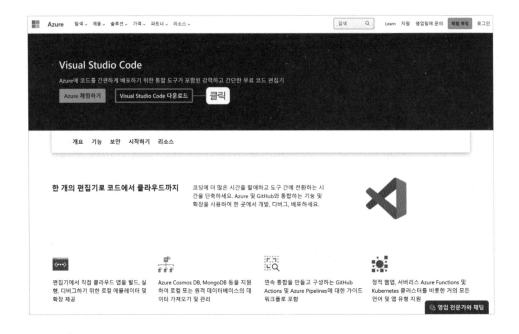

그러면 실행할 환경을 선택하는 화면이 열리는데, [Windows]를 선택한다.

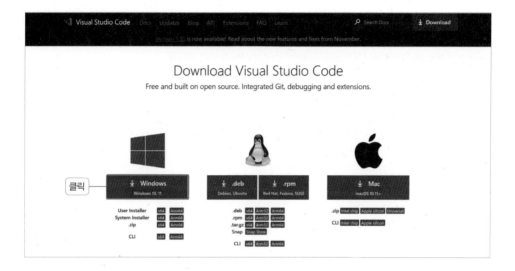

그런 다음 탐색기를 열고 다운로드 디렉터리를 열어보자.

VSCodeUserSetup-x64-1.85.1.exe와 같은 파일명으로 다운로드가 완료되면 파일을 실행한다. 마법사를 따라 VS Code 설치를 완료하고 VS Code를 실행해 다음과 같은 화면이 나오는지 확인한다.

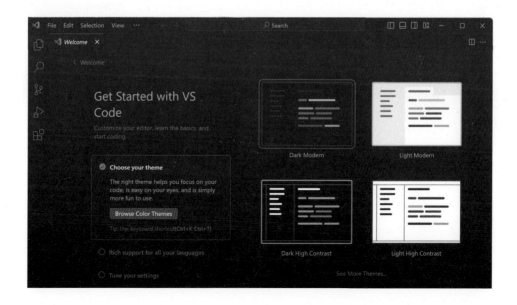

다음으로 이 책에서 작성할 소스코드를 저장할 디렉터리를 생성한다. 바탕화면에서 마우스 오른쪽 버튼을 클릭하고 [새로 만들기]에서 새 폴더를 만들어 langchain_book이라는 이름을 붙인다. 이 책에서는 이 디렉터리에서 작업을 진행한다.

이것으로 VS Code에서 파이썬을 실행할 수 있는 환경이 준비됐다.

macOS의 경우

macOS에는 처음부터 파이썬이 설치돼 있지만, 버전이 오래된 경우가 있다. 최신 버전을 설치한다.

다음 URL을 열고 [Download Python x.xx.x]를 클릭한다.

- 파이썬 다운로드 페이지

  https://www.python.org/downloads/

그러면 python-3.11.4-macos11.pkg와 같은 파일명으로 pkg 파일이 다운로드된다. 다운로드가 완료되면 pkg 파일을 열고 지시에 따라 설치를 진행한다.

다음으로 개발 환경인 Visual Studio Code(VS Code)를 설치한다. VS Code는 다음 URL에서 무료로 다운로드할 수 있다.

- Visual Studio Code 다운로드 페이지

  https://azure.microsoft.com/ko-kr/products/visual-studio-code

이 페이지의 [Visual Studio Code 다운로드]를 클릭한다.

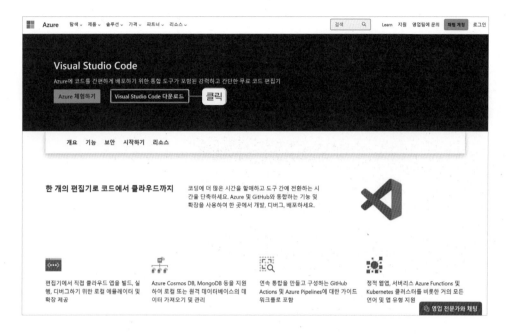

실행할 환경을 선택하는 화면이 열리면 [Mac]을 선택한다.

다음으로 Finder를 열어 다운로드 디렉터리를 열어보자. VSCode-darwin-universal.zip이라는 파일의 다운로드가 완료되면 파일을 열어 압축을 푼다. 그러면 [Visual Studio Code] 파일이 생성되는데, 이 파일을 [응용 프로그램] 폴더로 이동한다.

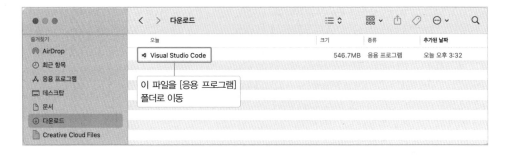

이제 VS Code 설치가 완료됐다. VS Code를 실행해 다음과 같은 화면이 나오는지 확인해
본다.

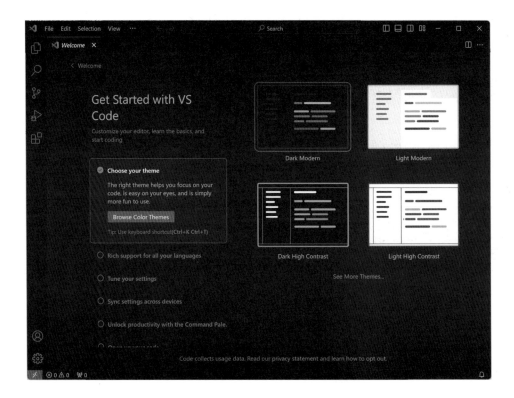

다음으로 이 책에서 작성할 소스코드를 저장할 디렉터리를 만든다. 데스크탑에서 마우스 오른
쪽 버튼을 클릭해 [새 폴더]를 선택하고 langchain_book이라는 이름을 붙인다. 이 책에서는 이
디렉터리에서 작업을 진행한다.

이것으로 VS Code에서 파이썬을 실행할 수 있는 환경이 준비됐다.

[응용 프로그램] 폴더의 [유틸리티] 폴더에 있는 [터미널] 앱에서 다음 명령어를 입력하고 'Python 3.11.4' 등의 버전이 표시되면 설치가 완료된 것이다.

```
python3 --version
```

만약 "'python3' 명령어는 명령어 라인 개발자 도구가 필요합니다."라는 메시지가 표시되면 메시지 대화 상자에서 [설치]를 클릭해 설치한다. 메시지가 표시되지 않거나 제대로 작동하지 않는 경우, 다음 명령어로 명령줄 개발자 도구를 다운로드해 보자.

```
xcode-select --install
```

명령어드 라인 개발자 도구는 macOS에서 소프트웨어 개발을 위한 일련의 기능이다. 이 도구를 설치하면 파이썬이나 기타 소프트웨어 개발에 필요한 언어와 도구를 사용할 수 있다.

VS Code에서 파이썬을 이용한 개발이 쉬워지는 확장 기능

VS Code는 기본 설정 그대로 사용해도 되지만, 개발하려는 언어에 맞는 확장 프로그램을 설치하면 더욱 편리하게 사용할 수 있다. 이번에는 소스코드 분석, 입력 자동 완성 등 다양한 편의 기능을 사용할 수 있는 Pylance를 설치해 보겠다.

어떤 속성이나 인수가 있는지 제안해 주니 꼭 설치해 보자. VS Code에서는 왼쪽 메뉴의 확장 프로그램 아이콘을 클릭해 확장 프로그램을 검색하고 설치할 수 있다.

확장 프로그램 검색 화면을 띄우고 pylance를 입력한다.

다음 그림과 같이 설치 버튼이 나타나면 클릭해 설치를 진행한다.

[확장]을 클릭하고
'pylance'를 검색

[설치]를 클릭

이것으로 설치가 완료됐지만, 자동 가져오기를 활성화하면 입력 빈도가 높은 import 문을 자동으로 추가하도록 설정할 수 있다.

톱니바퀴 아이콘을 클릭한 후 [확장 설정]을 클릭한다.

Pylance의 톱니바퀴 아이콘을 클릭
하고 [확장 설정]을 클릭

설정 화면이 열리면 [Auto Import Completions]를 활성화한다.

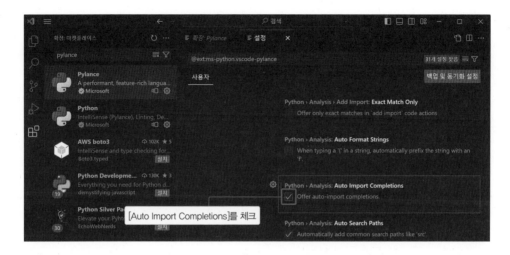

이렇게 하면 다음 화면과 같이 가져오지 않은 클래스 이름을 입력할 때 후보를 표시할 수 있다.

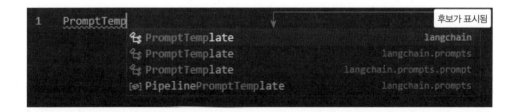

결정되면 다음과 같이 import 문이 추가된다.

이렇게 import 문이 자동으로 삽입되어 오타로 인한 오류를 크게 줄일 수 있다.

OpenAI API 키 받기

OpenAI의 언어 모델을 사용하기 위해서는 API 키를 발급받아야 한다. 먼저 OpenAI의 API 페이지로 이동한다.

- OpenAI API

  https://openai.com/blog/openai-api

페이지를 열고 [Sign up]을 클릭한다. 그러면 다음과 같은 화면이 열리고, 이메일, Google 등 다양한 방법으로 등록할 수 있다. 편한 방법으로 등록하면 된다.

등록이 완료되면 왼쪽 메뉴에서 [API Keys]를 선택한다.

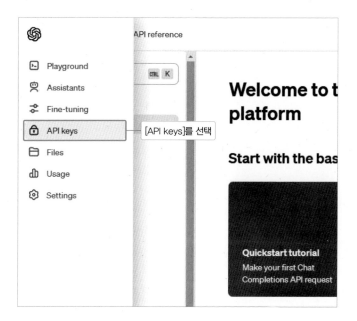

다음과 같은 API keys 화면이 나타나면 [Create new secret key]를 클릭한다.[2]

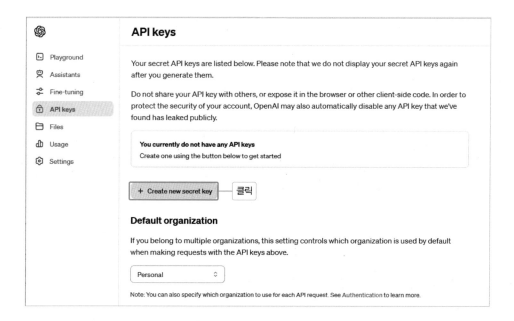

---

2 (옮긴이) 처음 가입했을 때는 'Verify your phone number to create an API key'라는 메시지가 보이는데, 그 옆의 [Start verification] 버튼을 클릭해 전화번호 인증 절차를 거친 후에 API 키를 발급받을 수 있다.

창이 열리면 `langchain_book`이라는 이름을 지정하고 [Create secret key]를 클릭한다. 이후 표시되는 sk-로 시작하는 문자열이 API 키다. 필요에 따라 복사하고 [Done]을 클릭한다.

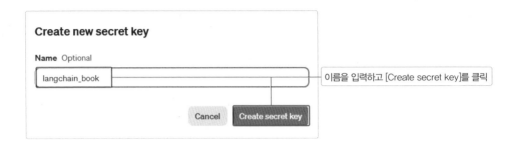

API keys 화면에 API 키가 추가된 것을 확인한다.

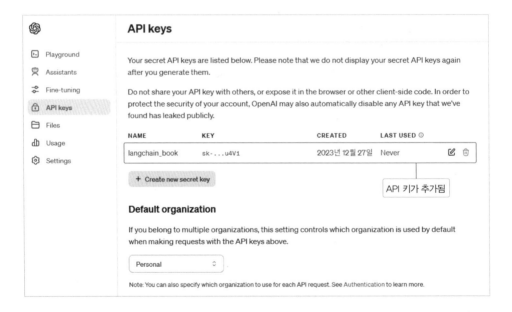

API 키는 애플리케이션과 서비스가 통신하기 위한 암호와 같은 역할을 한다. 키가 유출되면 악의적인 제3자가 부정한 조작을 하거나 예상치 못한 비용이 발생할 수 있다. 따라서 API 키는 다른 사람이 볼 수 있는 곳에 절대 두지 말아야 한다.

환경 변수에 API 키 설정하기

다음으로 API 키를 환경 변수로 설정해 보자. 환경변수는 컴퓨터 내에서 정의된 변수를 말하며, 프로그램이나 시스템이 작동할 때 사용된다. 예를 들어 프로그램 작동을 변경하는 플래그, 임시 파일 저장 위치, API 키 등 기밀 정보 설정 등에 사용된다.

윈도우의 경우

윈도우에서 일반적으로 사용되는 파워셸(PowerShell)에서는 [System. Environment]::SetEnvir onmentVariable 명령으로 설정할 수 있다. [시작] 메뉴에서 'PowerShell'을 실행한 후 다음 명령을 실행해 획득한 API 키를 환경 변수로 설정한다.

```
[System.Environment]::SetEnvironmentVariable('OPENAI_API_KEY', 'API 키', 'User')
```

예를 들어 API 키가 sk-xxxxxxxxxxx라면 다음과 같이 실행한다.

```
[System.Environment]::SetEnvironmentVariable('OPENAI_API_KEY', 'sk-xxxxxxxxxxx', 'User')
```

위 명령어만 실행하면 반영되지 않는다. 일단 파워셸을 종료하고 다음 명령어를 실행해 설정한 API 키가 표시되면 설정이 완료된 것이다.

```
echo $env:OPENAI_API_KEY
```

macOS의 경우

macOS에서 일반적으로 사용되는 zsh에서 환경 변수는 보통 .zshrc 파일에 작성해 설정한다. .zshrc 파일은 zsh 셸이 실행될 때마다 읽히는 설정 파일로, 랭체인에서는 OPENAI_API_KEY라는 환경 변수를 통해 OpenAI의 API 키를 읽어온다.

다음 절차에 따라 OPENAI_API_KEY 환경 변수를 설정할 수 있다.

1. [응용 프로그램] 폴더 → [유틸리티] 폴더 → [터미널]을 열고 다음 명령을 실행한다. .zshrc 파일이 존재하지 않으면 이 명령으로 파일이 새로 생성된다.

```
touch ~/.zshrc
```

2. 다음 명령을 실행해 OPENAI_API_KEY 환경 변수를 .zshrc 파일에 추가하고, API 키 부분은 실제 API 키로 대체한다.

```
echo 'export OPENAI_API_KEY="API키|"' >> ~/.zshrc
```

예를 들어 sk-xxxxxxxxxxx라는 API 키를 발급받았다면 다음과 같이 실행한다.

```
echo 'export OPENAI_API_KEY="sk-xxxxxxxxxxx"' >> ~/.zshrc
```

3. .zshrc 파일에 변경 사항을 적용하기 위해 다음 명령을 실행해 Z 셸을 다시 로드한다.

```
source ~/.zshrc
```

4. 환경 변수가 올바르게 설정돼 있는지 확인한다.

다음 명령어를 실행해 설정한 API 키가 표시되면 설정이 완료된 것이다.

```
echo $OPENAI_API_KEY
```

랭체인과 필요한 라이브러리 준비하기

파이썬에는 라이브러리 설치를 위한 도구로 'pip'가 있는데, 윈도우의 경우 파워셸에서, macOS의 경우 [터미널] 앱에서 pip 명령을 입력하면 필요한 라이브러리를 쉽게 설치할 수 있게 돼 있다.

라이브러리는 특정 기능이나 작업을 쉽게 할 수 있도록 만들어진 코드의 집합으로, 파이썬에는 많은 라이브러리가 존재한다. 예를 들어, 데이터 분석 라이브러리 'pandas', 과학 계산 라이브러리 'numpy', 머신러닝 라이브러리 'scikit-learn' 등이 있으며, 랭체인은 파이썬의 라이브러리로 공개돼 있다.

윈도우의 경우 파워셸에서, macOS의 경우 [터미널] 앱에서 다음 명령을 실행한다.[3]

- 윈도우의 경우

```
wget https://raw.githubusercontent.com/wikibook/langchain/master/requirements.txt
-OutFile requirements.txt
python3 -m pip install -r requirements.txt
```

---

3   랭체인 업데이트로, 책의 일부 패키지 버전을 고정해야 한다. 여기서 설명한 대로 실행하면 모든 버전을 고정할 수 있다.

- macOS의 경우

```
wget https://raw.githubusercontent.com/wikibook/langchain/master/requirements.txt
python3 -m pip install -r requirements.txt
```

이 명령은 다음과 같은 의미를 가진다.

python3 : 파이썬 버전 3을 실행하기 위한 명령어다.

-m : 이 옵션은 파이썬이 모듈을 직접 실행하도록 하기 위한 옵션이다. 여기서는 pip를 실행한다.

pip : 파이썬의 패키지 관리 도구로, 파이썬의 라이브러리를 설치, 업그레이드, 제거할 수 있는 명령어다.

install : pip의 하위 명령어로, 지정한 라이브러리를 설치한다.

-r requirements.txt : 설치하고자 하는 파이썬의 라이브러리의 목록이 있는 파일을 지정한다.

즉, 이 명령은 파이썬 버전 3의 pip 도구를 사용해 langchain 등의 라이브러리를 설치하는 작업을 수행한다. 명령어를 실행하면 'Downloading~' 등의 설치 과정이 표시되고, 마지막에 'Successfully installed~'라고 표시되면 완료된 것이다.

랭체인에서 OpenAI의 언어 모델을 호출하기 위해서는 openai라는 패키지도 필요하므로 다음 명령어로 설치한다.[4]

```
python3 -m pip install openai==0.28
```

이것으로 준비가 끝났다.

---

4 (옮긴이) requirements.txt 파일에 openai도 포함돼 있으므로, 앞에서 설명한 방법으로 requirements.txt를 사용해 패키지들을 설치했다면 굳이 openai 패키지를 또 다시 설치할 필요는 없다. 참고로 최신 버전의 openai 패키지를 설치하면 이 책의 예제가 올바로 작동하지 않으니 주의한다.

Column 소스코드 다운로드

이 책의 2장 이후부터 작성하는 소스코드는 다음 URL의 깃허브(GitHub)에 공개돼 있다.

- 소스코드 다운로드 URL

  https://github.com/wikibook/langchain

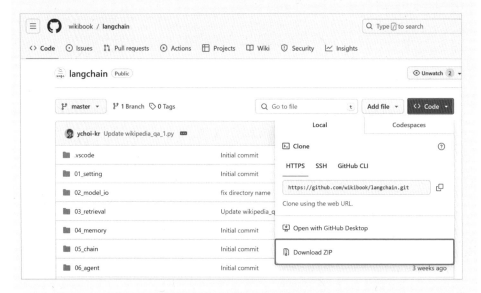

[Code] → [Download ZIP]을 클릭해 다운로드한 ZIP 파일의 압축을 풀면 완성된 소스코드를 확인할 수 있다.

이 책에서 설명한 대로 입력해도 오류가 나서 작동하지 않고 원인을 알 수 없는 경우 깃허브의 소스코드를 비교함으로써 입력 오류를 발견할 수 있을 것이다.

또한, 도저히 작동하지 않는 경우 소스코드를 다운로드해서 실행해 보는 것도 소스코드에 문제가 있는지, 라이브러리 설치 등 다른 문제가 있는지 확인하는 데 도움이 될 것이다.

오류가 발생했을 때 이를 활용해 해결이 가능한지 확인해 보기 바란다.

#OpenAI #API

OpenAI의 API를 호출해 작동을 확인한다

API가 작동하는지
확인해 보자

랭체인을 이용한 개발에 앞서 OpenAI의 API를 호출해 작동을 확인한다. 여기서는 랭체인을 사용하지 않고 API를 호출해 어떤 것들이 가능한지 살펴본다.

▌Chat 모델의 API를 호출해 보자

우선 랭체인을 사용하지 않고 파이썬 소스코드를 실제로 작성해 OpenAI의 API를 호출해 보자.

VS Code를 실행하고 왼쪽 메뉴 상단의 [탐색기] 아이콘을 클릭해 탐색기를 표시한다.

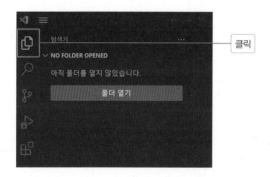

그런 다음 [파일] 메뉴의 [폴더 열기]를 클릭해 방금 만든 바탕 화면의 langchain_book 디렉터리를 연다.

langchain_book 디렉터리를 열고 나서, 마우스 오른쪽 버튼을 이용해 01_setting이라는 폴더를 만들고 [폴더 선택](macOS의 경우 [열기]) 버튼을 클릭한다.

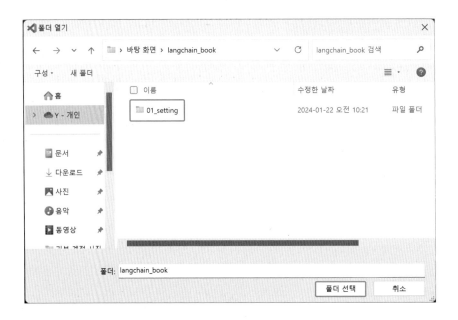

VS Code의 탐색기에서 생성한 **01_setting** 디렉터리를 선택하고, [파일] 메뉴에서 [새 텍스트 파일]을 클릭한다. 그러면 탐색기에 새 항목이 생성되는데, 이름을 sample.py로 정하고 다음과 같이 입력한다.

sample.py

```
01. import json
02. import openai          ← OpenAI에서 제공하는 파이썬 패키지 가져오기
03.
04. response = openai.ChatCompletion.create(          ← OpenAI API를 호출해 언어 모델을 호출합니다.
05.     model="gpt-3.5-turbo",     ← 호출할 언어 모델의 이름
06.     messages=[
07.         {
08.             "role": "user",
09.             "content": "iPhone8 출시일을 알려주세요"      ← 입력할 문장(프롬프트)
10.         },
11.     ]
12. )
13.
14. print(json.dumps(response, indent=2, ensure_ascii=False))
```

앞의 소스코드는 OpenAI의 'Chat' 모델인 'gpt-3.5-turbo'를 호출하며, 4번째 줄에서 API 호출을 실행하고, model에 모델명을 지정하고, 전송할 메시지를 messages에 정의한다.[1]

8행의 role에 관해서는 다음 장에서 설명한다.

결과는 response 변수에 저장되며, 14번째 줄에 내용을 표시하고 있다. 여기서는 json.dumps 를 실행해 내용을 보기 좋게 변환하고 있다.

입력이 완료되면 소스코드를 실행하기 위해 VS Code의 터미널을 열어보자.

---

1   (옮긴이) 이 코드는 openai 패키지 0.28 버전에서 작동한다. 코드를 실습해 보려면 실습 준비에서 안내한 대로 openai 0.28 버전을 설치 하자.
　　새로운 openai 패키지(1.X 이상)에서 실행하려면 다음 주소의 문서에 나온 것과 같이 코드를 수정해야 한다.
　　https://platform.openai.com/docs/quickstart?lang=ChatCompletions&context=python

소스코드 실행하기

VS Code의 [터미널] 메뉴에서 [새 터미널]을 클릭한다. 그러면 화면 하단에 터미널이 나타나며, 명령어 등을 입력할 수 있다. 소스코드를 실행하기 위해서는 소스코드가 저장돼 있는 디렉터리로 이동해야 한다. 먼저 pwd 명령으로 현재 디렉터리로 이동한다.

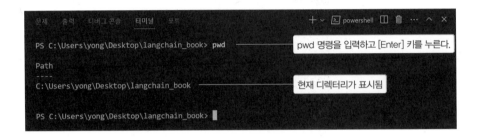

위와 같이 pwd를 입력하고 [Enter] 키를 눌러 실행하면 현재 디렉터리가 어디인지 표시된다. 현재 디렉터리란 컴퓨터에서 작업하고 있는 '현재 위치' 또는 '현재 폴더'를 말한다.

이제 cd 명령으로 방금 만든 01_setting 디렉터리로 이동한다. cd를 입력한 후 한 칸 띄고 01_setting/을 입력해 실행한다.[2]

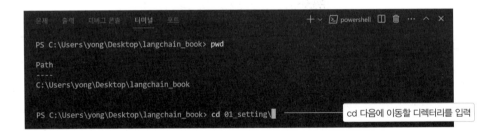

그러면 현재 디렉터리가 변경된다. cd 명령으로 현재 디렉터리를 이동할 수 있다. 다음 화면은 cd 명령을 실행한 후 pwd 명령으로 확인한 모습이다.

---

2 (옮긴이) 윈도우에서는 디렉터리명 끝에 백슬래시(\)를, 맥과 리눅스에서는 슬래시(/)를 붙인다. 경로명의 마지막 슬래시(또는 백슬래시)는 생략해도 된다.

```
문제   출력   디버그 콘솔   터미널   포트                           + ∨  powershell  ⊡ 🗑 ⋯ ∧ ✕

C:\Users\yong\Desktop\langchain_book

PS C:\Users\yong\Desktop\langchain_book> cd 01_setting\
PS C:\Users\yong\Desktop\langchain_book\01_setting> pwd ───────────  pwd 명령으로 현재 디렉터리 확인

Path
----
C:\Users\yong\Desktop\langchain_book\01_setting

PS C:\Users\yong\Desktop\langchain_book\01_setting> █
```

이렇게 해서 현재 디렉터리를 **01_setting**으로 변경했다. 이제 다음 명령으로 소스코드를 실행해 보자.

```
python3 sample.py
```

만약 다음과 같은 에러가 표시된다면 현재 디렉터리가 잘못됐거나 파일 이름이 잘못됐을 수 있으므로 잘 확인해 보자.

```
can't open file 'sample.py' [Errno 2] No such file or directory
```

제대로 실행하면 다음과 같은 결과가 나타난다.

```
01. {
02.   "id": "chatcmpl-8azOuAUrl0c0Zy9VVWHn6h9NmweRl",
03.   "object": "chat.completion",
04.   "created": 1703826524,
05.   "model": "gpt-3.5-turbo-0613",
06.   "choices": [
07.     {
08.       "index": 0,
09.       "message": {
10.         "role": "assistant",
11.         "content": "아이폰 8은 2017년 9월 22일에 출시되었습니다."
12.       },
13.       "logprobs": null,
14.       "finish_reason": "stop"
```

```
15.     }
16.   ],
17.   "usage": {
18.     "prompt_tokens": 19,
19.     "completion_tokens": 28,
20.     "total_tokens": 47
21.   },
22.   "system_fingerprint": null
23. }
```

결과의 의미를 확인해 보자.

먼저 두 번째 줄의 **id**는 각 호출에 부여되는 고유한 ID다. 보통은 잘 사용하지 않지만, API의 호출 로그를 관리하거나 특정 호출을 추적할 때 사용한다.

3번째 줄의 **object**는 API가 반환하는 객체의 종류를 나타낸다. 이 경우 **"chat.completion"** 으로 돼 있다. 이는 'Chat' 모델임을 나타낸다.

4번째 줄의 **created**는 API를 호출한 시간의 UNIX 타임스탬프이며, UNIX 타임스탬프는 1970년 1월 1일 오전 0시 00분 00초(UTC, 협정 세계시)부터의 경과 초수를 정수로 나타낸 것이다. 즉, UNIX 타임스탬프는 특정 순간을 나타내는 수치라고 생각할 수 있다. 여기서는 **1703826524**이므로 2023/12/29 14:08:44를 나타낸다.

5행의 **model**은 사용한 모델의 이름을 나타낸다. 'gpt-3.5-turbo-0613'이 사용됐음을 알 수 있다.

6행의 **choices**는 반환된 결과의 배열이다. 각 선택지에는 **index**, **message**, **logprobs**, **finish_reason** 키가 있는데, **message**의 **content**에 AI의 답변이 들어 있는 것을 알 수 있다.

17번째 줄의 **usage**는 API의 사용량을 나타내는데, **prompt_tokens**는 입력 토큰 수, **completion_tokens**는 출력 토큰 수, **total_tokens**는 총 토큰 수를 나타낸다. 이전 섹션에서 설명한 것처럼 이 토큰 수에 따라 과금이 이뤄진다.

API는 매개변수를 지정해 작동을 변경할 수 있다

OpenAI의 언어 모델은 매개변수를 설정해 작동을 바꿀 수 있다. 생성한 `sample.py`에 대표적인 매개변수를 추가해 작동이 어떻게 달라지는지 살펴보자.

`sample.py`를 다음과 같이 변경한다.

```
sample.py
01. import json
02. import openai
03.
04. response = openai.ChatCompletion.create(
05.     model="gpt-3.5-turbo",
06.     messages=[
07.         {
08.             "role": "user",
09.             "content": "냉면의 원재료를 알려줘"    ← 프롬프트 변경
10.         },
11.     ],
12.     max_tokens=100,       ← 생성할 문장의 최대 토큰 수
13.     temperature=1,        ← 생성할 문장의 다양성을 나타내는 매개변수
14.     n=2,                  ← 생성할 문장 수
15. )
16.
17. print(json.dumps(response, indent=2, ensure_ascii=False))
```

위의 소스코드를 자세히 살펴보자.

먼저 9번째 줄에서 프롬프트를 '냉면의 원재료를 알려줘'로 변경했다. 언어 모델에 대한 질문을 바꾸면 그에 대한 응답을 볼 수 있다.

다음으로 12번째 줄에 `max_tokens`라는 새로운 매개변수를 지정하고 있다. 이는 생성할 문장의 최대 토큰 수를 나타낸다. 여기서는 **100**으로 설정해 모델은 최대 100개의 토큰을 가진 문장을 생성한다. 그러나 모델이 항상 최대 토큰 수까지만 문장을 생성하는 것은 아니다. 상황에 따라 그보다 적은 수의 토큰으로 문장을 생성할 수도 있다.

다음으로 temperature라는 매개변수를 지정한다. 이는 생성하는 문장의 다양성을 나타내는 매개변수로, 0에서 2까지의 값을 취할 수 있다. 값이 높을수록 출력의 다양성이 높아져 예측의 확신도가 낮은 선택지를 선택하기가 쉬워진다. 반대로 값이 낮을수록 출력은 확신도가 높은 선택지에 편중된다. 가사나 이야기 등을 여러 번 쓰게 해서 좋은 출력이 나올 때까지 실험할 때는 값을 높이는 것이 일반적이다. 반면 논리성이 중요하거나, 같은 입력에 대해 같은 출력을 기대하는 경우에는 0으로 설정하면 확실한 출력을 얻을 수 있다. 어떤 작업을 수행하게 할지에 따라 변경하는 것이 좋다.

끝으로 n이라는 매개변수를 지정한다. 이는 생성할 문장의 수를 나타낸다. 여기서는 2를 설정했으므로 모델은 두 개의 서로 다른 문장을 생성한다.

결과를 확인하기 위해 다음 명령어로 다시 한번 소스코드를 실행해 보자.

```
python3 sample.py
```

그러면 다음과 같은 출력을 얻을 수 있다.

```
01. {
02.   "id": "chatcmpl-8eh98wHOoMEewqdyePKHsTpb1N4pf",
03.   "object": "chat.completion",
04.   "created": 1704709666,
05.   "model": "gpt-3.5-turbo-0613",
06.   "choices": [
07.     {
08.       "index": 0,
09.       "message": {
10.         "role": "assistant",
11.         "content": "냉면의 주요 원재료는 다음과 같습니다:\n- 면: 냉면은 주로 밀가루로 만든 면을 사용합니다. 몇몇 지역의 냉면은 고춧가루를 섞어 만든 면을 사용하기도 합니다.\n- 육수: 냉면을 맛있고 시원하게 먹"
12.       },
13.       "logprobs": null,
14.       "finish_reason": "length"
15.     },
16.     {
```

```
17.         "index": 1,
18.         "message": {
19.           "role": "assistant",
20.           "content": "냉면의 주요 원재료는 다음과 같습니다:\n\n1. 메밀면: 냉면의 주
         재료로 사용되는 국수입니다. 메밀은 일본산 메밀과 한국산 메밀로 구분되며, 전통적으로는
         국내산 메밀을 사용합니다.\n\n2. 면 육수: 면을"
21.         },
22.         "logprobs": null,
23.         "finish_reason": "length"
24.       }
25.     ],
26.     "usage": {
27.       "prompt_tokens": 23,
28.       "completion_tokens": 199,
29.       "total_tokens": 222
30.     },
31.     "system_fingerprint": null
32.   }
```

변경된 부분만 살펴보자.

먼저 6번째 줄의 choices를 보자. 이전 결과에서는 하나의 선택지만 있었지만, 이번에는 두 가지 선택지가 있다. 이는 n 매개변수 때문인데, n=2로 설정했기 때문에 모델이 두 가지 다른 응답을 생성했다. 각 선택지는 index로 번호가 매겨져 있으며, 0부터 시작한다. 즉, 첫 번째 옵션의 index는 0, 다음 옵션의 index는 1이다.

또한, 각 선택지의 message에는 각각 다른 응답이 포함돼 있다. 이는 temperature 매개변수가 1로 설정돼 있어 모델이 다양한 응답을 생성하기 쉬웠기 때문이다.

각 옵션의 finish_reason을 살펴보자. 이 매개변수는 모델이 응답을 종료한 이유를 나타낸다. "stop"은 자연스러운 끝을 찾은 경우, "length"는 max_tokens에 도달한 경우를 나타낸다. 이 경우 두 옵션 모두 max_tokens의 한계에 도달했기 때문에 끝났다.

마지막으로 26번째 줄의 usage를 살펴보자. 이번에는 prompt_tokens가 23, completion_tokens가 199, total_tokens가 222로 돼 있다. 이는 입력한 프롬프트가 23토큰, 생성된 응답

이 199토큰, 그리고 이들의 합이 222토큰임을 나타낸다. max_tokens를 100으로 설정했음에도 불구하고 completion_tokens가 200인 것은 n 매개변수로 인해 2개의 응답이 생성됐기 때문이다.

OpenAI의 API에는 다양한 매개변수가 존재하며, 이를 변경함으로써 모델의 작동을 조절할 수 있다는 것을 알 수 있었다. 이러한 매개변수를 적절히 설정하면 더 나은 응답을 얻을 수 있다. 또한, 모델의 출력을 이해하기 위해서는 출력의 각 부분이 무엇을 의미하는지 이해하는 것이 중요하다.

이상으로 'Chat' 모델의 기본적인 API 호출 방법과 결과를 읽는 방법에 대해 알아봤다. 다음은 'Complete' 모델의 호출을 살펴보자.

Complete 모델의 API를 호출해 본다

OpenAI의 또 다른 언어 모델인 'Complete'를 랭체인을 사용하지 않고 파이썬 소스코드를 실제로 작성하고 호출해 보자.

앞에서 만든 01_setting 디렉터리에 sample_complete.py 파일을 생성하고 다음과 같이 입력한다.

sample_complete.py

```
33. import json
34. import openai
35.
36. response = openai.Completion.create(          ← ChatCompletion 대신 Completion을 사용
37.     engine="gpt-3.5-turbo-instruct",     ← model 대신 engine을 지정하고 gpt-3.5-turbo-instruct를 지정
38.     prompt="오늘 날씨가 매우 좋고 기분이",              ← prompt를 지정
39.     stop=".",              ← 문자가 나타나면 문장 종료
40.     max_tokens=100,      ← 최대 토큰 수
41.     n=2,              ← 생성할 문장 수
42.     temperature=0.5      ← 다양성을 나타내는 매개변수
43. )
44.
45. print(json.dumps(response, indent=2, ensure_ascii=False))
```

먼저 'Chat'과의 공통점을 살펴보자.

1번째와 2번째 줄은 마찬가지로 결과를 보기 쉽게 하기 위해 json을 가져오고, OpenAI의 파이썬 패키지를 가져오고 있다.

다음으로 4번째 줄에서 OpenAI의 API를 호출하고 있다. 여기서는 'Chat' 모델의 경우와 달리 openai.Completion.create를 사용한다. 이는 'Complete' 모델의 API 호출 방식이다.

또한, 5번째 줄에서 모델을 선택하는데, 이 경우 engine이라는 매개변수를 사용해 gpt-3.5-turbo-instruct라는 모델을 선택했다. 이전 섹션에서 설명했듯이 이것은 'Complete' 모델 중 하나다.

다음으로 6번째 줄에서는 prompt라는 매개변수를 사용한다. 'Chat' 모델의 messages 매개변수와 마찬가지로 모델에 보낼 메시지를 정의하되, 'Complete' 모델에서는 단일 메시지를 직접 지정한다. 여기서는 '오늘 날씨가 너무 좋아서 기분이 좋아요'라는 프롬프트를 지정하고 있다. 여기서 설정하는 프롬프트 작성 방식의 차이가 'Chat' 모델과 'Complete' 모델을 구분하는 중요한 포인트가 된다.

Chat 모델 프롬프트의 전제는 대화와 요청이다. 대화 형식으로 채팅을 하도록 지시할 수 있다. 반면 Complete 모델은 문장의 끝부분을 생성하는 것이다. 따라서 프롬프트에 문장의 중간까지를 설정하는 것이 일반적이다.

7번째 줄에서는 stop 매개변수를 지정하고 있다. 이는 생성하는 문장이 특정 문자나 문자열, 또는 목록 중 하나에 도달하면 중지하도록 지정한다. 여기서는 '.'(마침표)를 지정하고 있기 때문에, 생성된 문장이 '.'에 도달하면 멈춘다.

그리고 8~10행에서 max_tokens, n, temperature 등의 매개변수를 지정하고 있다. 이는 'Chat' 모델 때와 동일하게 각각 생성하는 문장의 최대 토큰 수, 생성하는 문장의 개수, 생성하는 문장의 다양성을 나타내는 매개변수를 설정하는 것이다.

이러한 설정이 완료되면 다음 명령어로 소스코드를 실행해 보자.

```
python3 sample_complete.py
```

그러면 다음과 같은 결과를 얻을 수 있다.

```
01. {
02.   "id": "cmpl-8b03ih02b7WmbkEgMmZ4B18pqcV08",
03.   "object": "text_completion",
04.   "created": 1703829054,
05.   "model": "gpt-3.5-turbo-instruct",
06.   "choices": [
07.     {
08.       "text": " 너무 좋아요",
09.       "index": 0,
10.       "logprobs": null,
11.       "finish_reason": "stop"
12.     },
13.     {
14.       "text": " 좋습니다",
15.       "index": 1,
16.       "logprobs": null,
17.       "finish_reason": "stop"
18.     }
19.   ],
20.   "usage": {
21.     "prompt_tokens": 18,
22.     "completion_tokens": 11,
23.     "total_tokens": 29
24.   }
25. }
```

여기서는 'Chat' 모델과 비슷한 부분은 생략하겠다. 먼저 변경된 부분이 3번째 줄의 object다. 'Chat' 모델의 경우 "chat.completion"이었는데, 'Complete' 모델에서는 "text_completion" 으로 돼 있다. 이는 'Complete' 모델의 API 호출임을 나타낸다.

다음으로 6번째 줄의 choices를 살펴보자. 여기에는 모델이 생성한 응답이 포함돼 있다. 각 선택지에는 text라는 새로운 키가 있다. 이는 모델이 생성한 텍스트를 나타낸다. 그리고 여기에는 '오늘 날씨가 너무 좋아서 기분이 좋아요'라는 프롬프트에 대한 모델의 응답이 포함돼 있다.

마지막으로 `finish_reason`을 살펴보자. 여기서는 "**stop**"으로 돼 있다. 이는 모델이 stop 매개변수로 지정한 문자열을 출력했기 때문에 생성이 완료됐음을 나타낸다.

이상으로 'Complete' 모델의 기본적인 API 호출 방법과 결과 읽기 방법에 대해 알아봤다. OpenAI의 'Chat'과 'Complete' 두 모델은 각각 다른 특성과 용도를 가지고 있다. 이를 적절히 선택하고 매개변수를 조정하면 AI에 의한 텍스트 생성을 보다 효과적으로 수행할 수 있다. 각 모델이 적합한 작업에 따라 적절한 모델을 선택하는 것이 중요하다.

Column 애플리케이션 개발에 도움 되는 언어 모델

언어 모델을 활용해 소프트웨어 개발을 가속화하려는 시도도 진행되고 있다.

예를 들어, 깃허브가 제공하는 AI 도구인 코파일럿(Copilot)은 OpenAI의 기술을 활용한 코딩 지원 도구로, AI에 의한 자동 코드 생성을 가능하게 한다. 이는 OpenAI가 개발한 코덱스(Codex)라는 코드 지원용 언어 모델을 통해 작동한다. 코덱스는 깃허브에 있는 대량의 소스코드를 통해 학습한다. 깃허브 코파일럿은 VS Code의 확장 기능으로도 제공된다.

VS Code의 확장 기능을 설치하면 작성한 코드의 진행 상황을 예측할 수 있다. 다음 그림에 표시한 부분이 깃허브 코파일럿이 제안한 코드다.

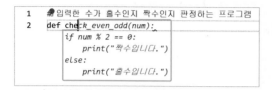

```
1   # 입력한 수가 홀수인지 짝수인지 판정하는 프로그램
2   def check_even_odd(num):
        if num % 2 == 0:
            print("짝수입니다.")
        else:
            print("홀수입니다.")
```

이처럼 주석이나 함수명 일부만 써도 내용을 제안하고, 테스트 코드를 생성하는 등 개발자에게 도움이 되는 기능이 준비돼 있다. 깃허브 코파일럿은 2022년 6월에 출시됐으며, 챗지피티가 화제가 된 2022년 11월 이전부터 언어 모델이 활용되어 애플리케이션 개발을 지원해 왔다.

이 외에도 다양한 언어 모델을 이용한 도구가 개발되고 있어 앞으로의 발전이 기대된다.

CHAPTER 2

Model I/O –
언어 모델을
다루기 쉽게 만들기

#챗봇 #언어 모델

{ section **01** }
언어 모델을 이용한
응용 프로그램 작동 방식

💬 Model I/O로 무엇을 할 수 있는지 알아보자

랜체인의 가장 기본적인 모듈인 Model I/O는 언어 모델을 호출하는 방법을 제공한다. 구체적으로 어떤 일을 할 수 있는지 코드를 작성하면서 살펴보자.

▌언어 모델 호출이란?

다시 한번 '언어 모델을 호출한다'는 것이 무엇인지 알아보자. 챗지피티와 같은 웹 서비스에서는 텍스트 상자에 메시지를 입력하고 보내기 버튼을 클릭하면 결과가 출력된다. 이는 텍스트 상자에 입력한 메시지를 통해 언어 모델을 호출하고 있다고 할 수 있다.

이렇게 언어 모델을 호출할 때 입력되는 텍스트를 '프롬프트'라고 부른다. 앞으로 언어 모델의 입력이 되는 텍스트를 프롬프트라고 부르니 기억해 두자.

언어 모델을 사용한 애플리케이션을 만들 때는 파이썬 등으로 만든 프로그램에서 이 호출을 수행한다. 1장에서 확인했지만, 예시로 랜체인을 사용하지 않고 OpenAI의 언어 모델인 'gpt-3.5-turbo'를 호출하는 코드를 살펴보자.

다음 코드는 실제로 실행할 필요는 없다.

sample.py

```
01. import openai
02.
03. response = openai.ChatCompletion.create(
04.     model="gpt-3.5-turbo",
05.     messages=[
06.         {
```

```
07.              "role": "user",
08.              "content": "아이폰8 출시일을 알려주세요"        ← 입력할 문장(프롬프트)
09.          },
10.      ]
11.  )
12.  print(response)        ← 결과 표시
```

위의 소스코드에서는 4번째 줄에 설정된 'gpt-3.5-turbo'라는 언어 모델을 '아이폰8 출시일을 알려주세요'라는 텍스트, 'user'라는 역할(role)로 OpenAI에서 제공하는 패키지를 사용해 호출하고 있다.

간단한 애플리케이션이라면 위와 같은 소스코드로도 문제가 없지만, 실제로 언어 모델을 활용한 애플리케이션을 개발할 때 문제가 되는 경우가 많다. 언어 모델을 활용한 애플리케이션은 모두 절차형으로 작성하는 기존 애플리케이션과 달리 좋은 결과를 얻기 위해서는 시행착오를 거쳐야 한다.

먼저, 8번째 줄의 'iPhone8 출시일을 알려주세요'라는 프롬프트를 살펴보자. 언어 모델에서 얻을 수 있는 결과는 입력되는 프롬프트의 작성 방식에 따라 달라진다.

예를 들어 '아이폰8 출시일을 알려줘'라고 입력했을 때 '2017/09/22'로 출력될지 '2017년 9월 22일'로 출력될지는 알 수 없다. 하지만 '아이폰8 출시일을 yyyy/mm/dd라는 형식으로 알려주세요'라고 입력하면 출력되는 결과를 고정해 원하는 결과를 쉽게 출력할 수 있다.

또한 4번째 줄에 'gpt-3.5-turbo'라고 모델명이 지정돼 있는데, 더 긴 텍스트를 처리할 수 있는 gpt-3.5-turbo-16k'로 바꾸고 싶다면 다음과 같이 모델명을 바꾸기만 하면 된다.

sample.py

```
04.      model="gpt-3.5-turbo-16k",        ← 호출할 언어 모델의 이름
```

하지만 언어 모델은 OpenAI의 GPT-3.5나 GPT-4만 있는 게 아니다. 앤트로픽의 클로드 2(Claude 2)를 사용해 결과가 어떻게 달라지는지 보고 싶을 수도 있다. 이 경우, 앞서 언급한 소스코드는 OpenAI에만 대응하기 때문에 거의 모든 소스코드를 다시 작성해야 한다.

이렇게 언어 모델을 호출하는 프롬프트를 일일이 재작성하거나 모델을 교체하는 것은 매우 번거로운 작업인데, Model I/O 모듈은 이러한 번거로움을 줄일 수 있는 수단을 제공한다. 또한, 나중에 소개할 다른 모듈도 Model I/O와 결합해야 하는 것이 많으니 잘 알아두면 좋을 것이다.

Model I/O는 랭체인의 가장 기본적인 모듈이다

Model I/O 모듈은 단독으로도 사용할 수 있지만, 실제 애플리케이션을 개발할 때 이 모듈만으로 모든 것을 만드는 것은 현실적으로 어렵기 때문에 다른 모듈과 조합해 사용하는 것이 일반적이다. 예를 들어, Model I/O의 하위 모듈인 Prompts 모듈은 프롬프트를 최적화하기 위해 사용될 뿐만 아니라 나중에 소개할 Chains 모듈 등에서도 사용되며, 마찬가지로 하위 모듈인 Language models는 거의 모든 모듈에서 사용된다.

제공하는 기능은 간단한 것이 많지만, 매우 중요한 모듈이기 때문에 사용법을 잘 익혀야 한다.

Model I/O를 구성하는 3개의 서브모듈

랭체인의 모든 모듈은 서브모듈을 가지고 있으며, Model I/O 모듈도 예외는 아니어서 3개의 서브모듈로 구성돼 있다. 여기서는 간략하게 어떤 기능을 하는지 살펴보자. 자세한 내용은 나중에 설명하겠다.

① Language models

Language models 모듈은 다양한 언어 모델을 동일한 인터페이스에서 호출할 수 있는 기능을 제공하며, OpenAI의 모델뿐만 아니라 앤트로픽의 클로드 2와 같은 다른 모델도 동일하게 호출할 수 있다. 이를 통해 다른 모델을 시도할 때 기존 코드를 처음부터 다시 작성할 필요가 없다.

② Prompts

Prompts 모듈은 언어 모델을 호출하기 위한 프롬프트를 구축하는 데 유용한 기능을 제공한다. 용도에 따라 다양한 손자 모듈이 제공된다. 예를 들어, 프롬프트와 변수를 결합하거나 대량의 예시를 프롬프트에 효율적으로 삽입할 수 있다. 다양한 처리를 통해 원하는 프롬프트를 쉽게 만들 수 있도록 하는 것이 목적이다.

③ Output parsers

Output parsers 모듈은 언어 모델에서 얻은 출력을 분석해 애플리케이션에서 사용하기 쉬운 형태로 변환하는 기능을 제공한다. 출력 문자열을 정형화하거나 특정 정보를 추출하는 데 사용한다. 이 모듈을 사용하면 출력을 구조화된 데이터로 쉽게 처리할 수 있다.

이제부터는 실제로 코드를 작성하면서 각 모듈의 작동을 살펴보겠다.

▌Language models를 사용해 gpt-3.5-turbo 호출하기

실제로 Language models 모듈의 Chat models 모듈을 사용해 OpenAI의 Chat 모델인 gpt-3.5-turbo를 호출해 보자.

먼저 '파이썬 실행 환경 구축'에서 만든 **langchain_book** 디렉터리로 이동해 **02_model_io**라는 이름으로 새로운 디렉터리를 만든다. 생성한 디렉터리를 VS Code로 연다.

02_model_io 디렉터리로 이동한 후 [파일] 메뉴의 [새 텍스트 파일]에서 **language_models.py** 라는 파일을 생성하고 다음과 같이 입력한다.

language_models.py

```
01. from langchain.chat_models import ChatOpenAI          ← 모듈 가져오기
02. from langchain.schema import HumanMessage             ← 사용자의 메시지인 HumanMessage 가져오기
03.
04. chat = ChatOpenAI(          ← 클라이언트를 만들고 chat에 저장
05.     model="gpt-3.5-turbo",          ← 호출할 모델 지정
06. )
07.
08. result = chat(          ← 실행하기
09.     [
10.         HumanMessage(content="안녕하세요!"),
11.     ]
```

```
12. )
13. print(result.content)
```

다음으로 VS Code의 [터미널] 메뉴에서 [새 터미널]을 선택해 터미널을 열고 다음과 같이 입력해 위 코드를 실행한다.

```
python3 language_models.py
```

그러면 다음과 같은 결과를 확인할 수 있다. 단, 생성된 결과가 정확히 일치하지 않을 수 있다.

안녕하세요! 어떻게 도와드릴까요?

코드의 핵심을 살펴보자.

language_models.py

```
01. from langchain.chat_models import ChatOpenAI          ← 모듈 가져오기
    (중략)
04. chat = ChatOpenAI(          ← 클라이언트를 만들고 chat에 저장
05.     model="gpt-3.5-turbo",          ← 호출할 모델 지정
06. )
```

먼저 첫 번째 줄에서 Language models 중 하나인 ChatOpenAI 클래스를 가져오고 있는데, ChatOpenAI 클래스는 OpenAI의 Chat 모델을 호출할 때 사용된다. 실제로 5번째 줄에서는 OpenAI의 Chat 모델 중 하나인 gpt-3.5-turbo를 지정하고 있다.[1]

language_models.py

```
02. from langchain.schema import HumanMessage          ← 사용자의 메시지인 HumanMessage 가져오기
    (중략)
08. result = chat(          ← 실행하기
09.     [
10.         HumanMessage(content="안녕하세요!"),
```

---

1   (옮긴이) 랭체인의 ChatOpenAI 클래스를 초기화할 때는 model_name 인수를 사용하는 것이 표준적인 방법이지만 이 책에서와 같이 model 인수를 사용해도 작동한다. https://github.com/langchain-ai/langchain/issues/4331을 참조.

```
11.        ]
12.     )
13.  print(result.content)
```

10행에서는 content에 언어 모델에 전송할 내용을 입력하고 HumanMessage를 초기화한다. HumanMessage는 사람의 메시지가 있다는 것을 나타내며, content는 그 내용을 나타낸다. 이러한 HumanMessage를 사용해 10번째 줄에서 언어 모델을 호출하면 입력된 메시지를 바탕으로 언어 모델을 호출할 수 있다.

AIMessage를 사용해 언어 모델의 응답을 표현할 수 있다

랭체인에서는 대화 형식의 상호작용을 표현하기 위해 AIMessage도 준비돼 있다. 예를 들어, 먼저 '계란찜 만드는 법을 알려줘'라고 문의하면 언어 모델에서 레시피를 반환한다. 이 레시피를 영어로 번역하고 싶을 때는 '영어로 번역해줘'라고 지시하면 영어로 번역된 레시피를 받을 수 있다. 이러한 대화의 흐름을 AIMessage를 통해 어떻게 표현하는지 살펴보자.

다음 코드는 설명용이며 실제로 실행할 필요는 없다.

language_models_ai_message_sample.py

```
    (생략)
08.  result = chat(          ← 실행하기
09.      [
10.          HumanMessage(content="계란찜 만드는 법을 알려줘"),
11.          AIMessage(content="{ChatModel의 답변인 계란찜 만드는 법}"),
12.          HumanMessage(content="영어로 번역해줘"),
13.      ]
14.  )
```

이처럼 Language models 모듈의 Chat models 모듈에서는 HumanMessage, AIMessage를 사용해 언어 모델과의 대화 형식의 상호작용을 표현할 수 있다.

Language models만으로는 이렇게 과거의 응답을 바탕으로 답변하게 하려면 매번 소스코드를 다시 작성해야 하므로 매우 번거롭고, 대화를 이용한 애플리케이션 개발이 어려울 수 있다. 랭체인에는 이러한 상호작용을 지원하기 위한 Memory 모듈이 준비돼 있다(4장에서 설명).

SystemMessage를 사용해 언어 모델의 성격과 설정을 정의한다

또한, 이러한 대화 기능을 커스터마이징할 수 있는 **SystemMessage**도 준비돼 있다. 이것은 대화를 표현하는 것이 아니라, 언어에 대한 직접적인 지시를 작성하는 기능이다. 예를 들어, 언어 모델의 성격이나 설정 등을 입력하면 답변의 문체를 좀 더 솔직하게 바꿀 수 있다.

SystemMessage를 설정해 응답의 문체 등을 변경하는 방법을 살펴보자. 다음 코드는 설명을 위한 것이므로 실제로 실행할 필요는 없다.

language_models_system_message_sample.py

```
01. result = chat(
02.     [
03.         SystemMessage(content="당신은 친한 친구입니다. 존댓말을 쓰지 말고 솔직하게 답해
        주세요."),          ← 시스템 메시지를 사용해 설정 추가
04.         HumanMessage(content="안녕!"),
05.     ]
06. )
```

이 작업을 수행하면 다음과 같은 결과를 얻을 수 있다.

안녕! 잘 지내니?

SystemMessage에 입력한 지시대로 문체를 솔직하게 바꿀 수 있었다.

언어 모델 교체 가능

Language models는 공통된 인터페이스를 가지고 있어 쉽게 교체할 수 있다고 설명했다. 이번에는 OpenAI의 대화형 언어 모델을 불러오기 위한 'ChatOpenAI'를 사용했는데, 이를 OpenAI가 아닌 앤트로픽이 개발한 언어 모델로 대체할 경우 어떻게 변경되는지 살펴보자.

앤트로픽의 언어 모델을 API를 통해 사용하려면 이 책을 쓰는 시점에는 신청과 심사가 필요하지만, 여기서는 한 가지 예시로 소개한다.

앤트로픽이 개발한 대화형 언어 모델은 **ChatAnthropic**에서 사용할 수 있다. 즉, 방금 전의 코드를 다음과 같이 편집하면 언어 모델만 교체할 수 있다.

language_models_chat_anthropic_sample.py

```
from langchain.chat_models import ChatAnthropic    ← 앤트로픽의 Chat 모델을 가져오도록 변경
~~~생략~~~
chat = ChatAnthropic()            ← ChatAnthropic의 언어 모델을 초기화
~~~생략~~~
```

이처럼 동일한 'Chat 모델'이라면 대화형 언어 모델을 쉽게 교체할 수 있다.

▌PromptTemplate로 변수를 프롬프트에 전개하기

프로그램에서 언어 모델을 호출할 때 미리 준비된 프롬프트와 파이썬의 입력을 결합하는 경우가 많다.

Prompts 모듈의 가장 기본적인 모듈인 PromptTemplate을 사용해 파이썬의 입력과 프롬프트를 조합해 보자.

VS Code의 [파일] 메뉴의 [새 텍스트 파일]에서 prompt.py라는 파일을 생성하고 다음과 같이 입력한다.

prompt.py

```
01. from langchain import PromptTemplate    ← PromptTemplate 가져오기
02.
03. prompt = PromptTemplate(        ← PromptTemplate 초기화하기
04.     template="{product}는 어느 회사에서 개발한 제품인가요?",    ← {product}라는 변수를
                                                                      포함하는 프롬프트 작성하기
05.     input_variables=[
06.         "product"            ← product에 입력할 변수 지정
07.     ]
08. )
09.
10. print(prompt.format(product="아이폰"))
11. print(prompt.format(product="갤럭시"))
```

그런 다음 VS Code의 [터미널] 메뉴에서 [새 터미널]을 선택해 터미널을 열고 파이썬으로 위 코드를 실행한다.

```
python3 prompt.py
```

그러면 다음과 같이 PromptTemplate을 사용해 프롬프트를 생성할 수 있음을 확인할 수 있다.

아이폰는 어느 회사가 개발한 제품인가요?
갤럭시는 어느 회사에서 개발한 제품인가요?

이 PromptTemplate을 사용하려면 다음 두 단계가 필요하다.

1. PromptTemplate을 준비한다.

2. 준비된 PromptTemplate을 사용한다.

먼저 PromptTemplate을 준비하기 위해 3번째 줄에서 PromptTemplate을 초기화하고 template 과 input_variables를 인수로 받아 결과를 prompt 변수에 저장했다.

```
prompt.py
03.  prompt = PromptTemplate(          ← PromptTemplate 초기화하기
04.      template="{product}는 어느 회사에서 개발한 제품인가요 ? ",   ← {product}라는 변수를
                                                            포함하는 프롬프트 작성하기
05.      input_variables=[
06.          "product"                 ← product에 입력할 변수 지정
07.      ]
08.  )
```

template에는 기본 템플릿을 텍스트로 입력한다. '{product}는 어느 회사에서 개발한 제품입니까?'와 같이 대체할 이름을 {}로 둘러싼다. 그리고 input_variables에는 대체할 이름을 배열로 입력한다. 템플릿에는 {product}라는 문자열이 있고, 이를 나중에 대체하고자 하므로 여기서는 "product"를 배열로 입력한다.

이것으로 준비가 완료됐다. 이제 준비한 PromptTemplate을 사용하는 방법을 살펴보자.

prompt.py

```
10.  print(prompt.format(product="아이폰"))
11.  print(prompt.format(product="갤럭시"))
```

10행에서는 prompt.format(product="아이폰")을 실행하고 있다. 여기서는 prompt를 사용해 format 메서드로 실제 프롬프트를 생성, 즉 텍스트를 생성하고 있다. 그 결과 다음과 같은 프롬프트를 생성할 수 있었다.

아이폰는 어느 회사에서 개발한 제품인가요?

11번째 줄에서는 이 PromptTemplate을 사용하기 위한 이름으로 "product"를 입력했다. 그리고 그 결과 다음과 같이 방금 전과는 다른 프롬프트를 생성할 수 있었다.

갤럭시는 어느 회사에서 개발한 제품인가요?

PromptTemplate로 프롬프트를 생성할 수 있음을 확인했다.

PromptTemplate에서 제공하는 다른 기능들

PromptTemplate에는 여러 가지 유용한 기능이 있다. 그중 하나인 유효성 검사 기능을 소개한다. PromptTemplate은 format 메서드를 사용해 프롬프트를 생성할 때 필요한 입력이 제대로 전달됐는지 확인한다. 예를 들어, 이번에 소개한 코드에서는 다음과 같은 형태로 product를 전달했다.

```
prompt.format(product="갤럭시")
```

그렇다면 format을 호출할 때 다음과 같이 product를 입력하지 않으면 어떻게 작동할까?

prompt.py

```
11.  print(prompt.format())
```

그러면 다음과 같은 오류가 표시된다.

```
KeyError: 'product'
```

이는 product가 input_variables에서 필요한 입력으로 정의돼 있음에도 불구하고, 입력 없이 프롬프트를 생성하려고 하기 때문에 발생하는 문제다.

프롬프트는 결국 텍스트일 뿐이다. 단순한 텍스트인 만큼 어떤 방식으로든 생성할 수 있다. 하지만 실제 시스템에 접목할 때는 프롬프트도 강한 제약조건을 가지고 생성해야 안정적인 애플리케이션을 만들 수 있다.

Language models와 PromptTemplate의 결합

다음으로 'Language models를 사용해 gpt-3.5-turbo 호출하기'에서 작성한 'Language models'를 호출하는 코드와 PromptTemplate을 조합해 보자. [파일] 메뉴의 [새 텍스트 파일]에서 prompt_and_language_model.py라는 파일을 생성하고 다음과 같이 입력한다.

prompt_and_language_model.py

```
01. from langchain import PromptTemplate
02. from langchain.chat_models import ChatOpenAI
03. from langchain.schema import HumanMessage
04.
05. chat = ChatOpenAI(                    ← 클라이언트 생성 및 chat에 저장
06.     model="gpt-3.5-turbo",            ← 호출할 모델 지정
07. )
08.
09. prompt = PromptTemplate(              ← PromptTemplate을 작성
10.     template="{product}는 어느 회사에서 개발한 제품인가요?",    ← {product}라는 변수를
                                                              포함하는 프롬프트 작성하기
11.     input_variables=[
12.         "product"                     ← product에 입력할 변수 지정
13.     ]
14. )
15.
```

```
16.   result = chat(          ← 실행
17.      [
18.          HumanMessage(content=prompt.format(product="아이폰")),
19.      ]
20.   )
21.   print(result.content)
```

이번 코드에서는 PromptTemplate에서 생성한 프롬프트를 Language models를 사용해 호출하고 있다.

그런 다음 VS Code의 터미널에서 다음과 같이 입력하고 위 코드를 실행한다.

```
python3 prompt_and_language_model.py
```

그러면 다음과 같은 결과를 확인할 수 있다.

아이폰은 애플(Apple) 회사에서 개발한 제품입니다.

그럼 이번에 작성한 코드를 자세히 살펴보겠다. 먼저 5번째 줄에서 OpenAI의 Chat 모델인 'gpt-3.5-turbo'를 ChatOpenAI로 초기화하고, 9번째 줄에서 앞에서처럼 PromptTemplate을 초기화한다.

18행에서는 product에 '아이폰'을 입력하고 prompt.format을 실행해 프롬프트를 생성하고, 16행에서 실행하고 21행에서 결과를 표시한다.

이제 PromptTemplate을 사용해 변수와 프롬프트를 조합해 실행할 수 있음을 확인했다. 이처럼 랭체인에서는 여러 개의 모듈을 조합해 애플리케이션을 만들 수 있다.

PromptTemplate 초기화 방법의 종류

이 문서에서는 PromptTemplate을 초기화할 때 다음과 같이 클래스를 초기화하는 방법을 사용한다.

prompt_and_language_model.py

```
09. prompt = PromptTemplate(          ← PromptTemplate을 작성
10.     template="{product}는 어느 회사에서 개발한 제품인가요 ? ",   ← {product}라는 변수를
                                                             포함하는 프롬프트 작성하기
11.     input_variables=[
12.         "product"              ← product에 입력할 변수 지정
13.     ]
14. )
```

PromptTemplate은 위 외에도 몇 가지 초기화 방법이 있다. 예를 들어, 다음과 같이 input_variables를 직접 지정하지 않고 템플릿에서 직접 초기화할 수도 있다.

prompt_template_from_template_sample.py

```
09. prompt = PromptTemplate.from_template("{product}는 어느 회사에서 개발한 제품인가요 ? ")
```

단순히 PromptTemplate을 초기화하기만 한다면 이 방법이 더 짧게 작성할 수 있지만, 이 책에서는 이해하기 쉽게 input_variables도 함께 지정하는 방식으로 통일했다.

또한, JSON 파일에 저장한 프롬프트를 읽어오는 방법도 있다. 다음과 같이 prompt_template_from_template_save_sample.py를 생성하고 파이썬에서 실행한다.

prompt_template_from_template_save_sample.py

```
01. from langchain.prompts import PromptTemplate
02.
03. prompt = PromptTemplate(template="{product}는 어느 회사에서 개발한 제품인가요 ? ",
    input_variables=["product"])
04. prompt_json = prompt.save("prompt.json")          ← PromptTemplate를 JSON으로 변환
```

그러면 다음과 같은 JSON이 생성된다.

```
{
    "input_variables": [
        "product"
    ],
    "output_parser": null,
```

```
    "partial_variables": {},
    "template": "{product}\ub294 \uc5b4\ub290 \ud68c\uc0ac\uc5d0\uc11c \uac1c\ubc1c\ud55c
\uc81c\ud488\uc778\uac00\uc694\uff1f",
    "template_format": "f-string",
    "validate_template": true,
    "_type": "prompt"
}
```

이 JSON을 다음과 같이 파일에서 읽어들여 PromptTemplate을 만들 수 있다.

prompt_template_from_template_load_sample.py

```
01. from langchain.prompts import load_prompt
02.
03. loaded_prompt = load_prompt("prompt.json")          ← JSON에서 PromptTemplate를 로드
04.
05. print(loaded_prompt.format(product="아이폰"))          ← PromptTemplate를 사용해 문장 생성
```

이렇게 PromptTemplate을 JSON 파일로 저장하면 다양하게 활용할 수 있다. 예를 들어, save 메서드로 사용자가 조작하는 애플리케이션의 프롬프트를 미리 JSON 파일로 저장해 두고, 저장된 JSON 파일을 관리자만 조작할 수 있는 관리 화면에서 업데이트해 덮어쓸 수 있게 하면 소스코드를 편집하지 않고도 프롬프트 편집이 가능해진다.

이처럼 PromptTemplate은 다양한 방법으로 생성할 수 있다. 목적에 맞는 방법으로 생성해 보자.

▌목록 형식으로 결과 받기

마지막으로 Output parsers를 사용해 언어 모델에서 받은 결과를 구조화해 보자. 언어 모델을 호출해 얻은 결과는 텍스트 형식이 된다. 하지만 언어 모델의 호출 결과를 프로그램에서 사용하고 싶을 때 목록 형식 등으로 구조화된 데이터를 받고 싶은 경우가 있는데, Output parsers는 이 언어 모델의 호출 결과를 구조화하는 역할을 한다.

이제 prompt_and_language_model.py를 바탕으로 결과를 목록 형태로 받아보자. [파일] 메뉴의 [새 텍스트 파일]에서 list_output_parser.py라는 파일을 생성하고 다음과 같이 입력한다.

list_output_parser.py

```
01. from langchain.chat_models import ChatOpenAI
02. from langchain.output_parsers import \
03.     CommaSeparatedListOutputParser    ← Output Parser인 CommaSeparatedListOutputParser를 가져오기
04. from langchain.schema import HumanMessage
05.
06. output_parser = CommaSeparatedListOutputParser()    ← CommaSeparatedListOutputParser 초기화
07.
08. chat = ChatOpenAI(model="gpt-3.5-turbo", )
09.
10. result = chat(
11.     [
12.         HumanMessage(content="애플이 개발한 대표적인 제품 3개를 알려주세요"),
13.         HumanMessage(content=output_parser.get_format_instructions()),    ← output_parser.g
                                                            et_format_instructions()를 실행해 언어 모델에 지시사항 추가하기
14.     ]
15. )
16.
17. output = output_parser.parse(result.content)        ← 출력 결과를 분석해 목록 형식으로 변환한다.
18.
19. for item in output:    ← 목록을 하나씩 꺼내어 출력한다.
20.     print("대표 상품 => " + item)
```

그런 다음 VS Code의 터미널에서 다음과 같이 입력해 위 코드를 실행한다.

```
python3 list_output_parse.py
```

그러면 다음과 같은 결과를 확인할 수 있다.

```
대표 상품 => iPhone
대표 상품 => MacBook
대표 상품 => AirPods
```

어떤 식으로 작동하는지 자세히 살펴보겠다. CommaSeparatedListOutputParser는 결과를 목록 형태로 받아 출력한다.

6번째 줄에서 CommaSeparatedListOutputParser를 초기화하고 output_parser 변수에 저장해 나중에 사용할 수 있도록 준비한다.

CommaSeparatedListOutputParser에서 이뤄지는 처리는 다음과 같다.

- 목록 형식으로 출력하도록 언어 모델에 출력 형식 지시를 추가한다.
- 출력 결과를 분석해 목록 형식으로 변환한다.

먼저 목록 형식으로 출력하도록 언어 모델에 출력 형식 지침을 추가하는 작업은 13번째 줄에서 이뤄지며, output_parser.get_format_instructions()를 실행하면 다음과 같은 프롬프트를 확인할 수 있다.

```
Your response should be a list of comma seperated values, eg: `foo, bar, baz`
```

번역하면 다음과 같으며, 언어 모델에 출력 형식에 대한 지시를 추가한 것을 알 수 있다.

응답은 `foo, bar, baz`와 같이 쉼표로 구분된 값의 목록이어야 한다.

즉, 언어 모델은 '애플이 개발한 대표적인 제품 3가지를 알려주세요'와 '응답은 foo, bar, baz와 같은 쉼표로 구분된 값의 목록이어야 한다.'라는 프롬프트를 통해 호출되는 것을 볼 수 있는데, 언어 모델에 대한 지시 외에 출력 형식에 대한 지시도 추가돼 있음을 알 수 있다.

10번째 줄에서는 방금 전의 프롬프트를 사용해 언어 모델을 호출하고 그 결과를 result로 받고 있다.

다음 17번째 줄에서는 output_parser.parse()로 출력 결과를 분석해 언어 모델의 응답을 목록 형식으로 변환하고 있다. 이번 예제에서는 '["iPhone", "Macbook", "AirPods"]'라는 문자열이 언어 모델에서 반환되고, 이를 output_parser.parse()에서 실행해 파이썬의 배열로 변환한다.

19번째 줄에서는 파이썬에서 목록의 for 루프를 실행한다.

이렇게 언어 모델이 생성하는 출력은 기본적으로 일반 텍스트 문자열이다. 이 문자열을 그대로 활용할 수도 있지만, 애플리케이션을 개발할 때 이 문자열에서 특정 정보를 추출하거나 데이터로 구조화해야 하는 경우가 많다.

애플리케이션에서 활용하기 쉬운 데이터로 변환하기 위해서는 출력 문자열을 분석해 필요한 정보를 추출하는 과정이 필수적이다. 분석된 구조화된 데이터는 데이터베이스에 저장하거나 다른 API에 전달하는 등 후속 처리에서 쉽게 활용할 수 있다. 반면, 일반 텍스트 상태에서는 문자열 처리를 통해 데이터를 추출해야 하는 번거로움이 있어 코드가 복잡해지기 쉽다. 또한, 출력 내용이 불완전한 경우 오류 처리를 용이하게 하기 위해서도 데이터로 분석해 구조화하는 것이 중요하다. 예를 들어, 필수 항목이 없는 경우 오류를 출력하는 등의 검증이 가능해진다.

랭체인의 Output parsers를 이용하면 원하는 데이터 구조에 맞게 자유롭게 파싱(변환)할 수 있으며, 애플리케이션의 요구사항에 맞는 분석 처리를 구현할 수 있다. 이렇게 출력을 분석함으로써 단순한 텍스트에서 의미 있는 데이터로 변환해 애플리케이션에서 쉽게 활용할 수 있게 도와준다. Output parsers는 빠른 파싱 처리를 구현할 수 있는 강력한 도구라고 할 수 있다.

Column foo, bar, baz란 무엇인가?

'foo', 'bar', 'baz'는 프로그래밍 세계에서 일반적으로 사용되는 가명이다. 샘플 프로그램 등에서 의미 없는 변수명이나 함수명을 붙일 때 사용된다.

만약 아무렇게나 book이나 cup과 같은 의미심장한 이름을 붙인다면, 독자나 다른 프로그래머들은 그 이름이 마치 어떤 특정한 목적을 달성한 것처럼 오해할 수 있다. 예를 들어, 'book'이라는 이름의 변수가 있다면, 그것은 어떤 책과 관련된 정보를 담고 있다고 해석하는 것이 일반적이다. 그러나 샘플 코드나 교재에서는 그 변수가 실제로 무엇을 나타내는지는 중요하지 않은 경우가 많다.

그래서 'foo', 'bar', 'baz'와 같은 의미의 이름이 사용된다. 이러한 이름들은 프로그래밍에서 메타 구문 변수(프로그램 내에서 구체적인 기능이나 역할을 가질 것으로 예상하지 않는 변수)로 널리 인식된다. 이를 통해 독자는 변수 이름 자체에 주목하지 않고 프로그램의 구조와 로직에 집중할 수 있다.

언어 모델 # Language models # Chat models # LLMs

Language models –
사용하기 쉬운 모델

💬 언어 모델 전환의
효율성을 높이자

이전 섹션에서 Model I/O를 이용한 개발의 일련의 흐름을 확인했다. 이번 섹션에서는
언어 모델을 다루는 모듈인 Language models에 대해 알아보겠다.

▌통일된 인터페이스로 사용하기 쉬움

Model I/O 모듈의 하위 모듈인 Language models의 목적은 다양한 종류의 언어 모델을 통
일된 인터페이스를 통해 쉽게 다룰 수 있게 하는 것이다. OpenAI가 개발하는 언어 모델만 보
더라도 gpt-3.5-turbo와 gpt-3.5-turbo-instruct에서 호출 방식이 다르다. 애플리케이
션을 개발하는 과정에서 프롬프트나 모델을 바꿔가며 시행착오를 겪는 경우가 많다.

이렇게 시행착오를 겪을 때 각 모델마다 다른 호출 방법을 조사하면서 작업하는 것이 번거롭다
는 것을 상상할 수 있을 것이다. 이 모듈을 사용하면 세부적인 호출처의 URL이나 사용법을 일
일이 찾아볼 필요 없이 통일된 방식으로 접근할 수 있다.

▌Chat models와 LLMs

Language models에는 사용하는 언어 모델에 따라 크게 두 가지 모듈(Model I/O의 손자
모듈)이 준비돼 있다. OpenAI의 'Chat' 모델과 같은 대화 형식으로 사용하는 언어 모델을 다
루는 'Chat models', OpenAI의 'Complete' 모델과 같은 문장의 연속을 준비하는 언어 모델
을 다루는 'LLMs'이다.

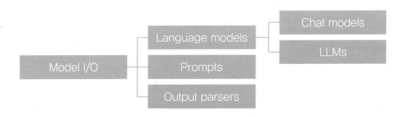

Chat models와 LLMs의 차이점은 전제되는 입력과 출력에 있다. Chat models는 일련의 대화(HumanMessage 또는 AIMessage의 배열)를 입력으로 받아 다음 응답을 예측한다. 대화형 텍스트 생성, 특히 챗봇 개발에 적합하다. Chat models는 이전 메시지의 맥락을 고려하기 때문에 전체 대화 흐름을 쉽게 이해할 수 있다는 특성을 가지고 있다.

반면 LLMs는 대화가 아닌 문장의 연속을 예측한다. 이 모델은 하나의 프롬프트만 고려한다.

이번에는 LLMs를 사용해 텍스트의 내용을 예측해 보겠다. VS Code의 [파일] 메뉴의 [새 텍스트 파일]에서 model_io_llm.py라는 파일을 만들고 다음과 같이 입력한다.

model_io_llm.py

```
01. from langchain.llms import OpenAI
02.
03. llm = OpenAI(model="gpt-3.5-turbo-instruct"          ← 호출할 모델을 지정
04.             )
05.
06. result = llm(
07.     "맛있는 라면을",          ← 언어 모델에 입력되는 텍스트
08.     stop="."                  ← "."가 출력된 시점에서 계속 생성하지 않도록
09. )
10. print(result)
```

그런 다음 VS Code의 터미널에서 다음과 같이 입력하고 위 코드를 실행한다.

```
python3 model_io_llm.py
```

그러면 다음과 같은 결과를 확인할 수 있다.

```
먹고 싶어요
```

OpenAI 클래스는 OpenAI의 내용을 생성하는 것이 목적인 LLMs이기 때문에 '맛있는 라면을'에 이어 '먹고 싶어요'와 같은 문장이 출력됐다.

LLMs는 OpenAI의 'Complete' 모델을 랭체인에서 사용할 때 사용하며, Chat models의 경우와 마찬가지로 동일한 LLMs 모듈로 쉽게 교체할 수 있다.

로컬에서 실행 가능한 언어 모델인 GPT4All로 대체하려면 다음과 같이 변경하기만 하면
된다.

model_io_llm.py

```
01.  from langchain.llms import GPT4All          ← 로드할 LLM을 GPT4All로 변경
02.
03.  llm = GPT4All()          ← GPT4All의 Language models로 초기화
04.  ~~~생략~~~
```

랭체인에서 다른 모듈과 Language models를 조합해 사용할 때 LLMs를 전제로 하는 것과
Chat models를 전제로 하는 것이 각각 존재한다. 모듈을 사용할 때 어느 쪽을 사용하는지 파
악해야 하므로 차이점을 기억해 두어야 한다.

Language models의 편리한 기능

Language models에는 'Chat models', 'LLMs'가 존재한다는 것과 대체할 수 있는 것에 대
해 살펴봤지만, Language models로 할 수 있는 것은 이것뿐만이 아니다. 구체적으로 살펴
보자.

캐싱

OpenAI 등의 API는 사용한 토큰 수에 따라 요금이 부과된다. 예를 들어, 같은 프롬프트를 두
번 전송하면 두 번 분량의 요금이 부과된다. 또한, 당연히 API를 두 번 호출하게 되어 실행 시
간이 두 배로 늘어나게 되므로 효율성이 떨어지는데, Language models에서는 이러한 문제
를 해결하기 위해 쉽게 캐싱할 수 있는 기능을 제공한다.

실제로 어떻게 작동하는지 살펴보겠다. [파일] 메뉴의 [새 텍스트 파일]에서 chat_model_
cache.py라는 파일을 만들고 다음과 같이 입력한다.

chat_model_cache.py

```
01.  import time          ← 실행 시간을 측정하기 위해 time 모듈 가져오기
02.  import langchain
03.  from langchain.cache import InMemoryCache          ← InMemoryCache 가져오기
```

```
04. from langchain.chat_models import ChatOpenAI
05. from langchain.schema import HumanMessage
06.
07. langchain.llm_cache = InMemoryCache()    ← llm_cache에 InMemoryCache 설정
08.
09. chat = ChatOpenAI()
10. start = time.time()    ← 실행 시작 시각을 기록
11. result = chat([    ← 첫 번째 실행을 수행
12.     HumanMessage(content="안녕하세요!")
13. ])
14.
15. end = time.time()    ← 실행 종료 시각을 기록
16. print(result.content)
17. print(f"실행 시간: {end - start}초")
18.
19. start = time.time()    ← 실행 시작 시각을 기록
20. result = chat([    ← 같은 내용으로 두 번째 실행을 함으로써 캐시가 활용되어 즉시 실행 완료됨
21.     HumanMessage(content="안녕하세요!")
22. ])
23.
24. end = time.time()    ← 실행 종료 시각을 기록
25. print(result.content)
26. print(f"실행 시간: {end - start}초")
```

입력이 완료되면 다음 명령으로 실행한다.

```
python3 chat_model_cache.py
```

그러면 다음과 같은 출력을 확인할 수 있다.

```
안녕하세요! 어떻게 도와드릴까요?
실행 시간: 1.629969596862793초
안녕하세요! 어떻게 도와드릴까요?
실행 시간: 0.0초
```

7번째 줄에서 langchain.llm_cache에 InMemoryCache()를 설정하고 있는데, InMemoryCache
란 메모리 내에 데이터를 일시적으로 보관하는 캐시 방법을 제공하는 클래스다. 특정 요청에
대한 응답이 한번 생성되면 캐시에 저장되며, 동일한 요청이 다시 발생했을 때 이미 저장된 응
답을 즉시 제공할 수 있다. 결과적으로 시간과 리소스를 절약할 수 있다.

그러나 메모리 내 캐시는 프로그램이 실행되는 동안은 유지되지만, 종료되면 삭제된다. 이번
경우는 프로그램 실행 중, 즉 다음 명령어 실행 시작부터 종료까지는 유지되지만, 다시 실행하
면 캐시가 삭제된다.

```
python3 chat_model_cache.py
```

장기간 캐싱이 필요하거나 프로그램 재시작 후에도 캐시를 유지해야 하는 경우,
InMemoryCache가 아닌 SQLite라는 데이터베이스에 저장할 수 있는 SQLiteCache를 사용하는
것이 좋다.

이번 예시에서는 "안녕하세요!"라는 메시지에 대한 응답을 처음 생성하는 데 약 1.6초가 걸렸
지만, 동일한 메시지에 대한 응답을 다시 생성하는 데는 캐시를 이용해 즉시 처리할 수 있었다.
이를 통해 API 호출 횟수와 그에 따른 비용을 줄일 수 있다.

지금까지 Language models에서 쉽게 캐싱하고 작동을 빠르게 하기 위한 편리한 기능의 작
동을 확인했다.

결과를 순차적으로 표시

Language models의 기능 중 하나로 실행 중인 프로세스를 순차적으로 표시하는
Streaming 모듈이 있다.

순차적 표시란 처리가 완료되기 전에 일부 결과를 순차적으로 수신해 표시하는 것을 말한다.
이 기능은 긴 응답을 생성하거나 사용자에게 실시간 응답을 제공하고자 할 때 유용하다.

랭체인에서는 이 Streaming 모듈을 활용하기 위해 Callbacks 모듈을 제공한다. Callbacks
모듈은 특정 처리가 발생했을 때 실행되는 함수나 클래스를 지정할 수 있다. 이를 통해 자신의
프로그램이 필요로 하는 임의의 처리를 포함시킬 수 있다.

랭체인의 Streaming 모듈과 Callbacks 모듈을 사용해 API를 실행하는 동안 순차적으로 결과를 표시하는 기능을 만들어 보자. chat_model_streaming.py라는 파일을 생성하고 다음과 같이 입력한다.

chat_model_streaming.py

```
01. from langchain.callbacks.streaming_stdout import StreamingStdOutCallbackHandler
02. from langchain.chat_models import ChatOpenAI
03. from langchain.schema import HumanMessage
04.
05. chat = ChatOpenAI(
06.     streaming=True,          ← streaming을 True로 설정해 스트리밍 모드로 실행
07.     callbacks=[
08.         StreamingStdOutCallbackHandler()      ← StreamingStdOutCallbackHandler를 콜백으로 설정
09.     ]
10. )
11. resp = chat([          ← 요청 보내기
12.     HumanMessage(content="맛있는 스테이크 굽는 법을 알려주세요")
13. ])
```

입력이 완료되면 다음 명령어로 실행한다.

```
python3 chat_model_streaming.py
```

그러면 이전과 달리 다음과 같이 순차적으로 표시되는 것을 확인할 수 있다.

맛있는 스테이크를 굽는 법은 다음과 같습니다:

1. 스테이크를 선택합니다: 스테이크로는 랍 아이, 포터하우스, 뉴욕 스트립 스테이크 등 다양한 부위가 있습니다. 원하는 크기와 부위를 선택합니다.

2. 스테이크를 방치합니다: 스테이크를 방치하여 냉장고에서 30분 정도 꺼내 두어야 합니다. 이렇게 하면 스테이크가 실온에 도달하여 굽고 익을 때 점등로 부분이 더 잘 익게 됩니다.

3. 스테이크를 소금과 후추로 조절합니다: 방치한 스테이크에 소금과 후추를 골고루 뿌려줍니다. 이를 통해 맛을 향상시킬 수 있습니다.

4. 팬이나 그릴을 예열합니다: 팬이나 그릴을 높은 열로 예열합니다. 스테이크를 외부에서 구워 안쪽으로 익히기 위해 열을 높게 유지해야 합니다.

5. 스테이크를 구웁니다: 스테이크를 팬이나 그릴에 올려주고 한쪽 면을 3~4분 정도 구웁니다. 그 후, 반대 면도 같은 시간 동안 구워줍니다. 이렇게 함 으로써 겉면이 바삭하게 익게 됩니다.

6. 익히는 시간을 조절합니다: 스테이크의 두께와 익히고자 하는 정도에 따라 익히는 시간을 조절해야 합니다. 레어(생고기), 미디엄 레어(7부 익은 고기), 미디엄(중간 정도 익은 고기), 웰던(완전히 익은 고기) 중에서 원하는 정도로 익혀주세요.

7. 스테이크를 쉬게 합니다: 스테이크를 그릴이나 팬에서 꺼내어 5~10분 정도 쉬게 합니다. 이렇게 하면 주스가 고루 퍼지고, 고기가 보다 부드러워집니 다.

8. 스테이크를 자릅니다: 쉬게 한 스테이크를 잘라내어 접시에 올려줍니다. 이때 칼을 대각선으로 자르면 보다 멋진 모양이 됩니다.

9. 추가적인 양념과 함께 제공합니다: 스테이크에 버터, 마늘, 로즈마리 등 추가적인 양념을 넣어주면 더욱 풍부한 맛을 즐길 수 있습니다.

이렇게하면 맛있는 스테이크를 굽게 됩니다. 맛있는 식사를 즐기세요!

이번 코드에서는 5번째 줄에서 ChatOpenAI를 초기화할 때 `streaming`이 True로, `callbacks`에는 `StreamingStdOutCallbackHandler`가 설정돼 있는 것을 확인할 수 있다. ChatOpenAI는 초기화 시 제공하는 인수를 변경해 작동을 바꿀 수 있다. `streaming`을 True로 설정해 API 호출이 완료된 후 처리하는 것이 아니라 API에서 응답이 도착할 때마다 처리하는 순차 처리를 할 수 있으며, `callbacks`에는 순차적으로 처리할 내용을 설정한다. 여기서는 `StreamingStdOutCallbackHandler`가 설정돼 있으며, 결과를 터미널(표준 출력)로 출력하도록 설정돼 있다.

11번째 줄에서 언어 모델을 호출해 처리를 시작한다.

이번 코드에서는 실행 후 결과를 표시하기 위한 `print` 문이 존재하지 않는다. 이는 `StreamingStdOutCallbackHandler`에서 실행되는 처리 내에서 결과를 순차적으로 표시하기 때문에 `print` 문에서 실행 결과를 표시할 필요가 없기 때문이다. 결과를 표시한 후에 소스코드를 다루고 싶다면 다음과 같이 변경해 얻을 수 있다.

chat_model_streaming.py

```
11. resp = chat([    ← 요청 보내기
12.     HumanMessage(content="맛있는 스테이크 굽는 법을 알려주세요")
13. ])
14. response_text = resp.content
```

Language models의 Callbacks 모듈과 Streaming 모듈을 사용해 API 호출 결과를 순차적으로 표시할 수 있음을 확인했다.

Column 브라우저에서 랭체인을 개발할 수 있는 Flowise

랭체인을 활용한 프로젝트가 깃허브에 공개돼 있는데 그중 하나인 FlowiseAI(`https://flowiseai.com/`)를 소개한다. FlowiseAI는 랭체인용 개발을 웹 브라우저에서 할 수 있는 노코드 UI 프레임워크로 개발할 수 있다.

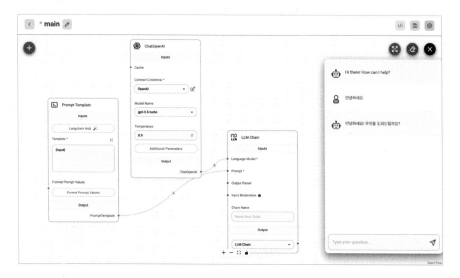

웹 브라우저에서 드래그 앤드 드롭으로 부품을 조합해 랭체인을 이용한 개발 및 구현을 할 수 있다. 또한, 만든 애플리케이션을 챗봇으로 쉽게 인터넷에 공개할 수 있는 기능도 준비돼 있다.

다만, FlowiseAI에서 사용할 수 있는 랭체인의 기능은 제한적이므로 전체적인 개념을 이해한 후에 활용하는 것이 좋다.

우선 이 책에서처럼 파이썬을 사용해 랭체인을 사용하는 방법을 배워 보자.

{ section **03** }

💬 프롬프트 엔지니어 링을 배우자

Templates – 프롬프트 구축의 효율성 향상

이전 섹션에서 Model I/O를 이용한 개발을 확인했다. 이번에는 그다음 단계로 프롬프트 를 쉽게 구축할 수 있는 Templates의 기능에 대해 자세히 알아보겠다.

▌프롬프트 엔지니어링을 통한 결과 최적화

언어 모델은 텍스트 형태의 입력을 받는다. 이 텍스트 입력을 프롬프트라고 한다.

GPT-3.5와 같은 최신 언어 모델은 사람이 하는 것과 같은 간단한 문장으로 지시해도 문제없 이 작업을 수행할 수 있는 경우가 많지만, 간단한 지시만으로는 수행하기 어려운 작업도 많다.

하지만 프롬프트를 최적화하면 단순한 명령어로는 어려웠던 작업을 수행할 수 있게 되거나 더 나은 결과를 얻을 수 있다. 이 프롬프트를 최적화하는 과정, 그리고 그 결과로 얻어지는 개선된 결과물을 '프롬프트 엔지니어링'이라고 한다.

프롬프트 엔지니어링의 효과는 매우 커서, 적절한 프롬프트를 통해 언어 모델을 호출함으로써 이전에는 불가능하다고 여겼던 고도의 작업도 가능해졌다. 예를 들어, 과학 논문 요약 생성, 전 문 지식이 필요한 문장 작성, 고도의 인터랙션 등이 가능해졌다.

Templates 모듈은 이러한 프롬프트 엔지니어링을 돕고, 프롬프트를 쉽게 구축할 수 있는 기 능을 제공한다.

출력 예제가 포함된 프롬프트 만들기

Model I/O의 Templates 모듈은 'PromptTemplate로 변수를 프롬프트에 전개하기'에서 배 운 것처럼 변수와 문자열을 조합하는 것뿐만 아니라 프롬프트 엔지니어링을 포함한 프롬프트 와 관련된 다양한 기능을 제공한다. 프롬프트 엔지니어링 분야에서는 효과가 높다고 알려진 여 러 가지 방법이 있는데, 그중 하나인 퓨샷 프롬프트(Few-shot prompt)를 소개한다.

구체적으로 말하면, 먼저 언어 모델이 수행해야 할 작업을 간결하게 지시하고, 그 작업의 입력과 출력의 예시를 몇 가지 제시한다. 그러면 언어 모델은 그 예시를 통해 작업의 패턴을 학습하고, 새로운 입력이 주어졌을 때 유사한 출력을 생성할 수 있게 된다.

예를 들어, 문자를 알파벳 대문자로 변환하는 작업이라면 다음과 같이 퓨샷 프롬프트를 만들수 있다.

```
다음 예시를 따라 소문자로 입력된 문자열을 대문자로 변환해 보세요.
입력: hello
출력: HELLO

입력: chatgpt
출력: CHATGPT

입력: example
출력: EXAMPLE

입력: {input}
```

이렇게 실례를 보여줌으로써 언어 모델은 대문자 변환 규칙을 학습하고 새로운 입력에도 적용할 수 있게 된다.

퓨샷 프롬프트의 장점은 언어 모델에 구체적인 예시를 제시함으로써 인간이 상상하는 출력에 가까운 결과를 생성할 수 있다는 점이다. 퓨샷 프롬프트는 언어 모델을 이용한 애플리케이션 개발에서 널리 사용되는 기법으로, 랭체인은 이러한 퓨샷 프롬프트를 쉽게 작성할 수 있는 기능을 제공한다.

실제로 퓨샷 프롬프트를 랭체인에서 구현해 보자. [파일] 메뉴의 [새 텍스트 파일]에서 model_io_few_shot.py라는 파일을 생성하고 다음과 같이 입력한다.

model_io_few_shot.py

```
01. from langchain.llms import OpenAI
02. from langchain.prompts import FewShotPromptTemplate, PromptTemplate
03.
```

```
04.  examples = [
05.      {
06.          "input": "충청도의 계룡산 전라도의 내장산 강원도의 설악산은 모두 국립
         공원이다",            ← 입력 예
07.          "output": "충청도의 계룡산, 전라도의 내장산, 강원도의 설악산은 모두 국립
         공원이다."            ← 출력 예
08.      }
09.  ]
10.
11.  prompt = PromptTemplate(        ← PromptTemplate 준비
12.      input_variables=["input", "output"],        ← input과 output을 입력 변수로 설정
13.      template="입력: {input}\n출력: {output}",        ← 템플릿
14.  )
15.
16.  few_shot_prompt = FewShotPromptTemplate(        ← FewShotPromptTemplate 준비
17.      examples=examples,        ← 입력 예와 출력 예를 정의
18.      example_prompt=prompt,        ← FewShotPromptTemplate에 PromptTemplate를 전달
19.      prefix="아래 문장부호가 빠진 입력에 문장부호를 추가하세요. 추가할 수 있는
         문장부호는 ',', '.'입니다. 다른 문장부호는 추가하지 마세요.",        ← 지시어 추가하기
20.      suffix="입력: {input_string}\n출력:",        ← 출력 예의 입력 변수를 정의
21.      input_variables=["input_string"],        ← FewShotPromptTemplate의 입력 변수를 설정
22.  )
23.  llm = OpenAI()
24.  formatted_prompt = few_shot_prompt.format(        ← FewShotPromptTemplate을 사용해 프롬프트 작성
25.      input_string="집을 보러 가면 그 집이 내가 원하는 조건에 맞는지 살기에 편한지 망가진
         곳은 없는지 확인해야 한다"
26.  )
27.  result = llm.predict(formatted_prompt)
28.  print("formatted_prompt: ", formatted_prompt)
29.  print("result: ", result)
```

그런 다음 VS Code의 터미널에서 다음과 같이 위 코드를 실행한다.

```
python3 model_io_few_shot.py
```

그러면 다음과 같은 결과를 확인할 수 있다.

```
formatted_prompt:  아래 문장부호가 빠진 입력에 문장부호를 추가하세요. 추가할 수 있는
문장부호는 ',', '.'입니다. 다른 문장부호는 추가하지 마세요.
입력: 충청도의 계룡산 전라도의 내장산 강원도의 설악산은 모두 국립 공원이다
출력: 충청도의 계룡산, 전라도의 내장산, 강원도의 설악산은 모두 국립 공원이다.

입력: 집을 보러 가면 그 집이 내가 원하는 조건에 맞는지 살기에 편한지 망가진 곳은 없는지
확인해야 한다
출력:
result:  집을 보러 가면 그 집이 내가 원하는 조건에 맞는지, 살기에 편한지, 망가진 곳은
없는지 확인해야 한다.
```

입력 예제와 출력 예제에 따라 문장부호가 빠진 문장에 문장부호를 추가할 수 있었다.

코드를 자세히 살펴보면, 4~9번째 줄에서는 입력 예제와 출력 예제를 리스트 형식으로 설정하고 있다. 여기서는 input, output을 키로 하는 객체의 배열을 준비했다. 이번에 설정한 예제에서는 출력 예제를 하나만 설정했지만, 실제로는 여러 개의 출력 예제를 입력하면 원하는 결과를 쉽게 얻을 수 있다.

11번째 줄에는 PromptTemplate이 설정돼 있다. examples에서는 input, output을 키로 하는 객체 배열을 전달하고 있으므로, PromptTemplate을 초기화할 때 input_variables에는 input, output을, template에는 두 가지를 모두 포함한 프롬프트를 전달한다.

16번째 줄에서는 FewShotPromptTemplate을 준비한다. 이 템플릿은 다음과 같은 인수를 받는다.

- examples
  프롬프트에 삽입할 예시를 목록 형식으로 전달한다.

- example_prompt
  예제를 삽입할 서식을 설정하며, PromptTemplate을 전달해야 한다.

- prefix
  예제를 출력하는 프롬프트 앞에 배치되는 텍스트다. 이번 코드에서는 언어 모델에 대한 지시다.

- suffix

  예시를 출력하는 프롬프트 뒤에 배치되는 텍스트다. 이번 코드에서는 사용자의 입력이 들어간다.

- input_variables

  전체 프롬프트가 기대하는 변수 이름 목록이다.

이렇게 인수로 받은 값을 조합해 프롬프트를 만들고 있다.

이상으로 간단한 문자열 결합으로 내장하는 것보다 프로그램으로 다루기 쉬운 형태로 프로그램을 구축할 수 있다는 것을 확인할 수 있었다.

Column 프롬프트 엔지니어링에 대해 더 알아보기

아래 URL에 공개된 《프롬프트 엔지니어링 가이드》에서 프롬프트 엔지니어링에 관한 사고방식을 배울 수 있다.

- Prompt Engineering Guide

  https://www.promptingguide.ai/kr

프롬프트 작성법 등 기본적인 지식부터 앞서 소개한 퓨샷 프롬프트 외에도 다양한 기법이 소개돼 있다. 랭체인으로 구현할 수 있는 방법도 존재하기 때문에 눈여겨보고 유용하게 사용할 때가 있을지도 모른다.

{04} section

Output parsers – 출력 구조화

다양한 형식으로 결과를 받아보자

이 장의 섹션 1에서 간략하게 소개한 Output parsers에는 이 외에도 유용한 기능들이 있다. 실제로 어떤 기능이 있는지 살펴보자.

결과를 날짜와 시간 형식으로 받아보기

'목록 형식으로 결과 받기'에서 작성한 list_output_parser.py를 편집해 결과를 날짜 및 시간 형식으로 받아보자. 파일을 생성하고 다음과 같이 입력한다.

datetime_output_parser.py

```
01. from langchain import PromptTemplate
02. from langchain.chat_models import ChatOpenAI
03. from langchain.output_parsers import DatetimeOutputParser    ← Output Parser인
                                                                    DatetimeOutputParser를 가져오기
04. from langchain.schema import HumanMessage
05.
06. output_parser = DatetimeOutputParser()        ← DatetimeOutputParser를 초기화
07.
08. chat = ChatOpenAI(model="gpt-3.5-turbo", )
09.
10. prompt = PromptTemplate.from_template("{product}의 출시일을 알려주세요")  ← 출시일 물어보기
11.
12. result = chat(
13.     [
14.         HumanMessage(content=prompt.format(product="iPhone8")),   ← iPhone8의 출시일 물어보기
15.         HumanMessage(content=output_parser.get_format_instructions()),   ← output_parser.g
                                                                    et_format_instructions()를 실행해 언어 모델에 지시사항 추가하기
16.     ]
17. )
18.
19. output = output_parser.parse(result.content)    ← 출력 결과를 분석해 날짜 및 시간 형식으로 변환
20.
21. print(output)
```

입력이 완료되면 다음 명령어로 실행한다.

```
python3 datetime_output_parser.py
```

그러면 다음과 같은 결과가 표시된다.

```
2020-09-22 00:00:00
```

'출시일은 2020년 9월 22일입니다'와 같은 문장으로 된 답변이 아닌, 날짜와 시간 형식으로 답변을 받을 수 있었다.[1]

주요 변경 사항을 살펴보면, 3번째 줄에서 언어 모델의 출력을 날짜 및 시간 형식으로 변환하는 `DatetimeOutputParser`를 가져온다.

10번째 줄에서 받고 싶은 것은 날짜 및 시간 형식이므로 프롬프트를 릴리스 날짜를 물어보도록 입력한다.

위와 같이 Output parsers를 변경하면 얻을 수 있는 구조화된 데이터가 달라지는 것을 확인할 수 있었다.

출력 형식을 직접 정의하기

지금까지 Output parsers는 랭체인에서 제공하는 것이었지만, 사용자가 정의한 형식으로도 받을 수 있다. `pydantic_output_parser.py`를 새로 생성하고 다음과 같이 입력한다.

pydantic_output_parser.py

```
01. from langchain.chat_models import ChatOpenAI
02. from langchain.output_parsers import PydanticOutputParser
03. from langchain.schema import HumanMessage
04. from pydantic import BaseModel, Field, validator
05.
06. chat = ChatOpenAI()
```

---

1   (옮긴이) 실제 실행해 보면 문장이 생성되어 오류가 발생하곤 한다. 이에 대처하는 방법을 이어서 소개한다.

```
07.
08. class Smartphone(BaseModel):      ← Pydantic의 모델을 정의한다.
09.     release_date: str = Field(description="스마트폰 출시일")      ← Field를 사용해 설명을 추가
10.     screen_inches: float = Field(description="스마트폰의 화면 크기(인치)")
11.     os_installed: str = Field(description="스마트폰에 설치된 OS")
12.     model_name: str = Field(description="스마트폰 모델명")
13.
14.     @validator("screen_inches")      ← validator를 사용해 값을 검증
15.     def validate_screen_inches(cls, field):      ← 검증할 필드와 값을 validator의 인수로 전달
16.         if field <= 0:      ← screen_inches가 0 이하인 경우 에러를 반환
17.             raise ValueError("Screen inches must be a positive number")
18.         return field
19.
20. parser = PydanticOutputParser(pydantic_object=Smartphone)      ← PydanticOutputParser를
                                                                     SmartPhone 모델로 초기화
21.
22. result = chat([      ← Chat models에 HumanMessage를 전달해 문장을 생성
23.     HumanMessage(content="안드로이드 스마트폰 1개를 꼽아주세요"),
24.     HumanMessage(content=parser.get_format_instructions())
25. ])
26.
27. parsed_result = parser.parse(result.content)      ← PydanticOutputParser를 사용해 문장을 파싱
28.
29. print(f"모델명: {parsed_result.model_name}")
30. print(f"화면 크기: {parsed_result.screen_inches}인치")
31. print(f"OS: {parsed_result.os_installed}")
32. print(f"스마트폰 출시일: {parsed_result.release_date}")
```

여기서는 PydanticOutputParser를 사용해 Output parsers를 만든다. PydanticOutput
Parser는 Pydantic 모델을 기반으로 언어 모델의 출력을 파싱한다.

Pydantic 모델은 파이썬에서 데이터 검증을 위한 라이브러리로, 타입 힌트를 이용해 데이터
모델을 정의하고 이를 기반으로 데이터 분석과 검증을 수행하는 편리한 도구다.

PydanticOutputParser를 사용하면 다음과 같은 장점이 있다.

- 임의의 데이터 구조를 표현할 수 있는 Pydantic 모델을 사용해 구문 분석 규칙을 유연하게 정의할 수 있다.

- 모델 검증 기능을 활용해 파싱된 데이터의 무결성을 보장할 수 있다.

- 개발자가 Pydantic에 명시적으로 정의한 데이터 구조에 분석 결과를 맞출 수 있다.

- 파싱 결과를 파이썬 객체로 쉽게 가져와 후속 처리에 활용할 수 있다.

위 코드의 8번째 줄에 있는 **Smartphone** 클래스는 Pydantic의 BaseModel을 상속받은 클래스로, 스마트폰의 정보를 표현하는 데이터 모델이다. 이 모델은 스마트폰의 출시일(release_date), 화면 크기(screen_inches), 설치된 OS(os_installed), 모델명(model_name)과 같은 정보를 가지고 있다. 이들은 타입 힌트를 사용해 정의되며, 추가로 Field를 사용해 각 필드에 대한 설명을 추가하고 있다.

그리고 Pydantic의 validator를 사용해 screen_inches의 값이 0보다 큰지 확인하는 검증 과정을 추가했다. 이렇게 하면 데이터를 구문 분석할 때 screen_inches 값이 0보다 작으면 에러가 발생한다.

20번째 줄에서는 PydanticOutputParser를 초기화하고, 그 pydantic_object 매개변수에 8번째 줄에서 정의한 **Smartphone** 클래스를 전달하고 있다. 이를 통해 Chat 모델의 출력을 스마트폰 모델을 기반으로 분석할 수 있다.

분석은 27번째 줄의 parser.parse(result.content)에서 이뤄지며, Chat 모델의 출력 (result.content)을 스마트폰 모델을 기준으로 분석한다. 결과는 parsed_result에 저장되며, 각 필드(model_name, screen_inches, os_installed, release_date)에 접근해 구문 분석한 결과를 얻을 수 있다.

실제로 다음 명령어로 위의 소스코드를 실행해 보자.

```
python3 pydantic_output_parser.py
```

그러면 다음과 같은 출력을 확인할 수 있다.

```
모델명: Samsung Galaxy S21
화면 크기: 6.4인치
OS: Android 11
스마트폰 출시일: 2021-01-01
```

이 출력은 Chat 모델에서 생성된 메시지를 스마트폰 모델을 기반으로 분석한 결과다. 스마트폰의 모델명, 화면 크기, 설치된 OS, 출시일 등의 정보를 적절히 획득하고 있다.

이처럼 PydanticOutputParser는 특정 정보를 가진 텍스트를 분석할 때 유용하다. 특히 특정 포맷을 가진 텍스트를 분석해야 하는 경우나 특정 정보를 추출하고 싶을 때 유용하게 사용할 수 있다.

예를 들어, 상품 정보가 담긴 텍스트를 분석해 각 상품의 상세 정보를 얻거나, 일기예보 텍스트에서 특정 날짜의 날씨를 추출할 수 있다. 또한, Pydantic의 검증 기능을 통해 분석된 데이터의 정확성도 확보할 수 있다.

잘못된 결과가 반환될 때 수정을 지시할 수 있게 한다

지금까지 소개한 Output parsers에서는 출력 형식을 지시하는 처리와 분석하는 처리가 존재하고, 언어 모델이 출력에 대한 지시에 제대로 응답한다는 가정하에 소개했지만, 언어 모델은 기존의 절차적 프로그래밍과 달리 반드시 지시를 지킬 수 있는 것은 아니다.

예를 들어, '목록 형식으로 결과 받기'에서 작성한 list_output_parser.py에서는 언어 모델이 ["iPhone", "Macbook", "AirPods"]와 같은 형식으로 결과를 출력해 분석이 가능해졌고, for 문으로 결과를 1개씩 결과를 하나하나 꺼내어 볼 수 있게 됐다. 하지만 필요 없는 문장이나 형식이 약간 다른 결과를 반환하는 경우가 있다. 그런 결과가 반환되면 지금까지 소개한 코드에서는 분석하는 처리(parser.parse()) 라인에서 에러가 발생하게 된다.

실제 애플리케이션 개발에서는 이런 오류가 발생하는 것을 피해야 하지만, 이런 문제를 해결하기 위한 Output parsers도 준비돼 있다. 방금 만든 pydantic_output_parser.py를 바탕으로 실제로 코드를 작성해 작동을 살펴보자.

pydantic_output_parser.py

```
01. from langchain.chat_models import ChatOpenAI
02. from langchain.output_parsers import OutputFixingParser    ←OutputFixingParser를 추가
03. from langchain.output_parsers import PydanticOutputParser
04. from langchain.schema import HumanMessage
05. from pydantic import BaseModel, Field, validator
06.
07. chat = ChatOpenAI()
08.
09. class Smartphone(BaseModel):
10.     release_date: str = Field(description="스마트폰 출시일")
11.     screen_inches: float = Field(description="스마트폰의 화면 크기(인치)")
12.     os_installed: str = Field(description="스마트폰에 설치된 OS")
13.     model_name: str = Field(description="스마트폰 모델명")
14.
15.     @validator("screen_inches")
16.     def validate_screen_inches(cls, field):
17.         if field <= 0:
18.             raise ValueError("Screen inches must be a positive number")
19.         return field
20.
21.
22. parser = OutputFixingParser.from_llm(    ← OutputFixingParser를 사용하도록 재작성
23.     parser=PydanticOutputParser(pydantic_object=Smartphone),    ← parser 설정
24.     llm=chat          ← 수정에 사용할 언어 모델 설정
25. )
26.
27. result = chat([HumanMessage(content="안드로이드 스마트폰 1개를 꼽아주세요"), HumanMess
    age(content=parser.get_format_instructions())])
28.
29. parsed_result = parser.parse(result.content)
30.
31. print(f"모델명: {parsed_result.model_name}")
32. print(f"화면 크기: {parsed_result.screen_inches}인치")
33. print(f"OS: {parsed_result.os_installed}")
34. print(f"스마트폰 출시일: {parsed_result.release_date}")
```

코드의 변경된 부분만 살펴보겠다. 2번째 줄에서 `OutputFixingParser`를 가져온다. `OutputFixingParser`는 앞서 설명한 잘못된 결과를 출력할 경우 재실행하기 위한 Output parsers다.

22번째 줄에서 `OutputFixingParser`를 초기화하고 있는데, `OutputFixingParser`는 Output parsers를 재시도하기 위한 Output parser이므로 23번째 줄과 같이 재시도할 대상 Output parsers를 입력해야 한다.

24번째 줄은 재시도에 사용할 Language models를 설정한다.

그다음에는 같은 방식으로 실행해 실패했을 때만 재실행되도록 한다.

Column 허깅페이스로 다양한 AI를 체험해 보자

허깅페이스(Hugging Face, https://huggingface.co)는 AI 모델과 정보 공유를 목적으로 하는 플랫폼이다. 대규모 언어 모델뿐만 아니라 다양한 소스코드와 모델, 쉽게 AI을 사용해 볼 수 있는 UI도 공개돼 있다. 메타, 마이크로소프트 등의 기업이나 단체, 개인이 다양한 AI를 공개하고 있으며, 웹브라우저에서 쉽게 이용할 수 있다.

그 예로 허깅페이스에서 공개된 AI 중 하나인 'Music Gen'(https://huggingface.co/spaces/facebook/MusicGen)을 소개하고자 한다.

이 AI는 음악의 장르와 멜로디를 입력하면 지시에 따라 음악을 생성할 수 있다.

준비된 샘플에서 AI를 실행해 보자. 표에서 'An 80s driving pop song with heavy drums and synth pads in the background'라고 표시된 부분을 클릭한다. 이후 [Generate]를 클릭하면 음악이 생성되어 재생할 수 있는 것을 확인할 수 있다.

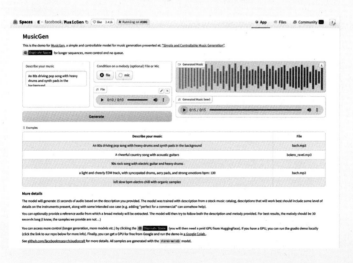

이렇게 문장에서 음악을 생성하는 AI를 'Text To Music'이라 한다. 또한 문장을 음성으로 변환하는 'Text To Speech', 문장에서 이미지를 생성하는 'TextToImage' 등 Hugging Face에는 다양한 종류의 AI이 공개돼 있다.

이들 AI는 브라우저에서 쉽게 사용할 수 있어 쉽게 시도해 볼 수 있다. 언어 모델 이외의 AI와 랭체인을 조합하면 언어 모델만으로는 할 수 없는 일을 할 수 있을지도 모른다. 꼭 한번 사용해 보기 바란다.

CHAPTER 3

Retrieval –
알지 못하는
데이터를 다루기

언어 모델이 미지의 데이터를 처리할 수 있게 하려면

AI가 모르는 것을 대답하게 하자

Retrieval은 언어 모델이 학습하지 않은 개념이나 정보를 처리할 수 있게 하는 모듈이다. 이 섹션에서는 기본적인 구조를 알아본다.

모르는 정보에 기반한 답변을 할 수 있는 구조

GPT와 같은 언어 모델은 학습한 정보를 바탕으로 답변을 생성하지만, 이 말은 반대로 말하면 학습하지 않은 내용에 대해서는 답변할 수 없다는 뜻이다. 따라서 일반에 공개되지 않은 기업 고유의 매뉴얼이나 언어 모델이 학습한 시점에 존재하지 않는 지식이나 개념에 대해서는 답변할 수 없다.

이 문제를 해결하는 방법 중 하나로 RAG(Retrieval-Augmented Generation)가 있다. RAG는 주로 언어 모델을 이용한 FAQ 시스템 개발에 사용되며, 사용자가 입력한 내용과 관련된 정보를 외부 데이터베이스 등에서 검색하고, 그 정보를 이용해 프롬프트를 만들어 언어 모델을 호출한다. 이를 통해 학습하지 않은 지식이나 정보도 답변할 수 있게 된다.

간단히 말해, RAG는 언어 모델이 모르는 정보에 대해 대답하게 하는 기법이다. 따라서 언어 모델이 대답할 수 있는 정보원(위의 예에서 말하는 데이터베이스 등)이 필요하다. 여기서는 가상의 하늘을 나는 자동차의 교통 규칙에 관한 법률 조항을 예로 들어보겠다. 이 '언어 모델이 확실히 모르는 정보'를 바탕으로 답변을 생성해 보자.

비행 자동차 고도 제한법

제1조(목적)
이 법은 비행자동차의 비행 고도 제한에 관한 기준을 정하는 것을 목적으로 한다.

제2조(정의)
이 법에서 '비행자동차'란 하늘을 비행할 수 있는 능력을 가진 차량을 말한다.

제3조(일반 비행 고도 제한)

도심지에서 비행차가 비행하는 경우 최대 고도는 지상에서 300m로 한다.

도시 외의 지역에서 비행차가 비행하는 경우 최대 고도는 지상에서 500미터로 한다.

제4조(특례 비행 고도)

긴급차량, 공공기관의 차량 및 관련 공적 임무를 수행하는 차량에 대해서는 제3조의 제한을 초과하는 고도에서의 비행이 허용된다.

제1항의 특례를 적용하는 경우 관련 기관의 허가를 받은 후 비행해야 한다.

제5조(고도제한 위반 시 처벌)

이 법을 위반하여 고도제한을 초과하여 비행한 자는 100만 원 이하의 벌금에 처한다.

중대한 사고를 유발한 경우 제1항의 벌금 외에 1년 이하의 징역 또는 2억 원 이하의 벌금에 처한다.

제6조(감독 및 지도)

국가는 비행차 고도 제한의 시행을 감독하고 적절한 지도를 한다.

'비행 자동차는 지상에서 몇 미터까지 비행할 수 있는가?'라는 질문에 답하게 하기 위해 조항에서 질문의 답에 해당하는 '지상 몇 미터까지 비행할 수 있는가'라는 정보를 찾아 다음과 같은 프롬프트를 입력한다.

문장을 바탕으로 질문에 답해 주세요.

문장:
_____

제3조(일반 비행 고도 제한)

도심지에서 비행차가 비행하는 경우 최대 고도는 지상에서 300미터로 한다.

도시 외의 지역에서 비행차가 비행하는 경우 최대 고도는 지상에서 500미터로 한다.

_____

제4조(특례 비행 고도)

긴급차량, 공공기관의 차량 및 관련 공적 임무를 수행하는 차량에 대해서는 제3조의 제한을 초과하는 고도에서의 비행이 허용된다.

제1항의 특례를 적용하는 경우 관련 기관의 허가를 받은 후 비행하여야 한다.

_____

질문: 비행기는 지상에서 몇 미터까지 비행할 수 있나요?

이 프롬프트를 사용해 언어 모델을 호출하면 다음과 같은 답변을 얻을 수 있다.

도시 지역에서 비행 자동차가 비행하는 경우 최대 고도는 지상에서 300미터입니다. 도시 외의 지역에서 비행 차량이 비행하는 경우 최대 고도는 지상에서 500미터입니다. 단, 긴급 차량, 공공기관 차량 및 관련 공적 임무를 수행하는 차량에 대해서는 이러한 제한을 초과하는 고도에서 비행이 허용될 수 있습니다.

정답을 맞혔음을 알 수 있다. 이처럼 RAG는 프롬프트에 정보원의 문장, 질문, 문장을 기반으로 답변하라는 지시를 포함시킴으로써 언어 모델이 알지 못하는 정보에 기반한 답변을 생성할 수 있다.

이 방법에서는 애플리케이션에서 질문을 받으면 다음과 같은 절차가 진행된다.

1. 사용자에게 질문받기(비행 자동차는 지상에서 몇 미터까지 비행할 수 있는가?)
2. 준비된 문장에서 답변에 필요한 부분 찾기(제3조(일반적 비행고도 제한), 제4조(특례 비행고도))
3. 문장의 관련 부분과 사용자 질문을 조합해 프롬프트 생성하기
4. 생성한 프롬프트로 언어 모델을 호출해 사용자에게 결과 반환하기

Retrieval 모듈에는 이러한 처리를 위한 편리한 기능이 준비돼 있다.

▎답변에 필요한 문장을 찾는 방법이 중요

RAG에서는 답변에 필요한 문장을 어떻게 검색하고 가져오는지가 중요하다. 예를 들어, 위키백과나 구글 검색을 사용하는 경우, 질문을 입력하고 각 웹사이트를 검색해 페이지를 가져와 프롬프트에 삽입하면 언어 모델이 알지 못하는 새로운 지식이나 개념에 대한 답변을 얻을 수 있다. 그러나 손안에 있는 PDF 파일이나 엑셀 파일을 정보원으로 하는 경우 검색이 쉽지 않다. 그래서 검색이 어려운 정보원에 대응하기 위해 텍스트를 벡터화해 검색을 가능하게 한다.

유사 문장 검색을 위해 필요한 벡터화란?

RAG에서는 준비된 문장에서 질문과 유사한 부분을 찾아내어 프롬프트를 만들어 낸다.

인간은 자연스럽게 어떤 부분이 비슷한지 이해할 수 있지만, 컴퓨터는 이해할 수 없다. 그래서 컴퓨터가 이해할 수 있도록 텍스트를 숫자의 조합으로 표현하는 과정이 바로 텍스트 벡터화다.

예를 들어 '바나나', '원숭이', '인간'이라는 단어를 크기와 온도라는 축(벡터)으로 표현해 보자.

이 세 가지를 두 개의 축으로 표현하면 인간의 위치는 바나나보다 원숭이에 가까워진다. 이제 인간은 바나나보다 원숭이를 더 닮았다는 것을 알 수 있다.

이처럼 단어나 문장은 벡터로 표현할 수 있다. 벡터는 컴퓨터에서 수치로 처리할 수 있기 때문에 계산을 통해 유사성 여부를 확인할 수 있다. 이처럼 의미를 고려하면서 수치로 표현하는 것을 텍스트의 벡터화라고 한다.

언어 모델을 사용해 텍스트를 벡터화하기

실제 개발에서는 많은 문장을 다루는 경우가 많아 사람이 텍스트를 벡터화하기가 어렵기 때문에 컴퓨터를 활용한다. 하지만 벡터화는 문장 내 단어들 간의 연결과 문맥을 고려해야 하기 때문에 간단한 처리로는 불가능하다.

OpenAI는 'text-embedding-ada-002'라는 언어 모델을 API로 제공하고 있으며, 이를 통해 의미를 고려한 텍스트의 벡터화를 쉽게 할 수 있다.

벡터 유사도 검색

앞서 소개한 'text-embedding-ada-002'를 사용해 텍스트를 벡터화해 얼마나 비슷한지 유사도를 계산해 보자.

다음 코드는 이후 실제 애플리케이션 개발에는 사용하지 않지만, 설명을 위해 보여주는 것이다. 입력하거나 실행할 필요는 없다.

sample_vector.py

```
01. from langchain.embeddings import OpenAIEmbeddings    ← OpenAIEmbeddings를 가져오기
02. from numpy import dot                ← 벡터의 유사도를 계산하기 위해 dot을 가져오기
03. from numpy.linalg import norm        ← 벡터의 유사도를 계산하기 위해 norm을 가져오기
04.
05. embeddings = OpenAIEmbeddings(    ← OpenAIEmbeddings를 초기화
06.     model="text-embedding-ada-002"
07. )
08.
09. query_vector = embeddings.embed_query("비행 자동차의 최고 속도는?")    ← 질문을 벡터화
10.
11. print(f"벡터화된 질문: {query_vector[:5]}")        ← 벡터의 일부를 표시
12.
13. document_1_vector = embeddings.embed_query("비행 자동차의 최고 속도는 시속
    150km입니다.")        ← 문서 1의 벡터를 얻음
14. document_2_vector = embeddings.embed_query("닭고기를 적당히 양념한 후 중불로 굽다가
    가끔 뒤집어 주면서 겉은 고소하고 속은 부드럽게 익힌다.")    ← 문서 2의 벡터를 얻음
15.
16. cos_sim_1 = dot(query_vector, document_1_vector) / (norm(query_vector) *
    norm(document_1_vector))        ← 벡터의 유사도를 계산
17. print(f"문서 1과 질문의 유사도: {cos_sim_1}")
18. cos_sim_2 = dot(query_vector, document_2_vector) / (norm(query_vector) *
    norm(document_2_vector))        ← 벡터의 유사도를 계산
19. print(f"문서 2와 질문의 유사도: {cos_sim_2}")
```

이를 실행하면 다음과 같이 출력되며, 벡터화된 질문과 각 문장의 유사도를 계산할 수 있음을 알 수 있다.

```
벡터화된 질문: [-0.010996613415186658, -0.015232057914612372, 0.014713961314843007,
-0.029971923034989037, -0.025516287806624238]
문서 1과 질문의 유사도: 0.9332188014432548
문서 2와 질문의 유사도: 0.7358110715206482
```

sample_vector.py의 9번째 줄의 벡터화된 질문과 13번째 줄의 문서1의 유사도를 계산하면 0.9332188014432548로 문서2의 유사도인 0.7358110715206482보다 더 큰 수치가 나온다. 이를 통해 문서1이 질문과 더 유사하다는 것을 알 수 있다.

코드를 자세히 살펴보자.

sample_vector.py

```
05.  embeddings = OpenAIEmbeddings(    ← OpenAIEmbeddings를 초기화
06.      model="text-embedding-ada-002"
07.  )
```

5번째 줄에서는 OpenAI가 제공하는 벡터화를 위한 언어 모델을 처리하기 위해 OpenAIEmbeddings를 초기화하고 있다.

그리고 6번째 줄에서는 벡터화를 위한 언어 모델인 'text-embedding- ada-002'를 지정하고 있다.

벡터화하기

sample_vector.py

```
09.  query_vector = embeddings.embed_query("비행 자동차의 최고 속도는?")    ← 질문을 벡터화
10.
11.  print(f"벡터화된 질문: {query_vector[:5]}")    ← 벡터의 일부를 표시
```

9번째 줄에서 텍스트를 벡터화해 11번째 줄에 결과를 표시한다.

'text-embedding-ada-002'는 텍스트를 벡터화하면 1536차원의 벡터를 출력한다. 즉, 1536개의 숫자를 가진 배열이 출력되는 것이다.

벡터 유사도 계산하기

sample_vector.py

```
13.  document_1_vector = embeddings.embed_query("비행 자동차의 최고 속도는 시속
     150km입니다.")        ← 문서 1의 벡터를 얻음
14.  document_2_vector = embeddings.embed_query("닭고기를 적당히 양념한 후 중불로 굽다가
     가끔 뒤집어 주면서 겉은 고소하고 속은 부드럽게 익힌다.")  ← 문서 2의 벡터를 얻음
15.
16.  cos_sim_1 = dot(query_vector, document_1_vector) / (norm(query_vector) *
     norm(document_1_vector))      ← 벡터의 유사도를 계산
17.  print(f"문서 1과 질문의 유사도: {cos_sim_1}")
18.  cos_sim_2 = dot(query_vector, document_2_vector) / (norm(query_vector) *
     norm(document_2_vector))      ← 벡터의 유사도를 계산
19.  print(f"문서 2와 질문의 유사도: {cos_sim_2}")
```

다음으로 13, 14행에서 문장(문서)을 벡터화하고, 16, 18행에서 각 문장과 질문의 벡터 간 유사도를 계산한다. 벡터의 유사도를 계산하는 방법에는 여러 가지가 있지만, 'text-embedding-ada-002'에서는 코사인 유사도를 사용해 유사도를 계산하는 것을 권장한다. 이는 두 벡터 사이의 각도의 코사인을 이용해 유사도를 계산하는 방법으로, 0부터 1 사이의 값을 가지며 1에 가까울수록 유사도가 높은 것으로 간주된다.

이처럼 텍스트의 벡터화 및 유사도 계산을 통해 대량의 텍스트에서 특정 질문에 대해 가장 관련성이 높은 답변을 찾아낼 수 있다.

█ 벡터 유사도 검색에서 RAG를 통합하는 구체적인 절차

다음 섹션 2에서는 텍스트를 벡터화해 질문과 유사한 문장을 기반으로 하는 방법으로 실제 애플리케이션을 구축한다.

이 애플리케이션은 사용자의 질문을 받기 전에 미리 준비하는 사전 준비와 사용자의 질문이 전송됐을 때 수행하는 검색 및 프롬프트 구축의 두 가지 처리를 생성한다.

각 단계에 대해 간단히 살펴보자.

사전 준비

이 사전 준비의 목적은 정보원이 되는 문서에서 데이터베이스를 만들어 질문으로 검색할 수 있게 하는 것이다.

정보원이 PDF나 텍스트 파일인 경우, 거기에 포함된 모든 텍스트를 추출한 후 벡터화해 데이터베이스에 저장해야 한다. 이렇게 벡터와 문장 세트를 데이터베이스로 만들면 벡터에서 유사한 문장을 검색할 수 있게 된다.

검색 및 프롬프트 구축

사용자 처리를 받아들였을 때 하는 처리가 바로 검색과 프롬프트 구축이다.

사전 준비된 데이터베이스에서 질문과 유사한 벡터를 검색해 정보원이 될 문장을 여러 개 획득한다. 그런 다음, 획득한 문장과 질문을 조합해 프롬프트를 구성한다.

이제부터 이 단계에 대한 자세한 처리 내용을 살펴보겠다.

사전 준비

먼저 정보원이 되는 글을 검색할 수 있는 데이터베이스를 구축한다. 이 데이터베이스 구축 단계는 다음과 같다.

① 텍스트 추출

② 텍스트 분할

③ 텍스트의 벡터화

④ 텍스트와 벡터를 벡터 데이터베이스에 저장

각 단계에 대해 자세히 알아보자.

① 텍스트 추출(Document loaders)

RAG(Retrieval-Augmented Generation) 기법에서 언어 모델이 미지의 정보를 다루게 하기 위해서는 기반 정보가 필요하다. 이 정보는 텍스트 형태여야 하지만, 모든 정보가 쉽게 텍스트화할 수 있는 것은 아니다.

예를 들어, 몇 페이지 분량의 PDF라면 그 안에 포함된 문장을 수동으로 복사해 텍스트화할 수 있지만, 수십~수백 페이지 분량의 PDF 정보를 처리하려면 수작업으로 처리하기에는 무리가 있다. 이러한 문제에 대응하기 위해 정보 획득의 원천이 되는 텍스트 준비를 보조하는 것이 Document loaders 모듈이다.

PDF, 엑셀 등의 파일뿐만 아니라 URL을 입력하면 웹 페이지 내 텍스트만 추출하는 등 기능적인 부분도 있다.

이처럼 Document loaders로 할 수 있는 것은 정보원이 될 텍스트 형식의 글을 준비하는 것이다. 참고로 원본 정보가 이미 텍스트 형식인 경우에는 Document loaders가 필요하지 않다.

② 텍스트 분할 (Text splitters)

준비된 텍스트가 RAG 기법에 사용하기에 적절한 길이인지는 알 수 없다. 너무 긴 텍스트는 언어 모델이 처리할 수 있는 글자 수 한계를 넘어선다. 따라서 적절한 길이로 쪼개야 하는데, 추출된 텍스트에 당연히 의미가 있고 파편화되지 않는 위치에서 쪼개야 한다.

예를 들어 다음 텍스트를 두 개로 나누는 경우를 생각해 보자.

> 미래의 교통수단으로 꿈꿔온 하늘을 나는 자동차, 그것이 바로 '에어로모빌 퓨전'이다. 지상을 달리는 일반 자동차의 기능과 하늘을 나는 비행기의 기능을 모두 갖춘 이 획기적인 탈것은 미래의 이동수단을 혁신적으로 변화시킬 것이 틀림없다.

이 문장을 단순하게 이등분하면 다음과 같다.

> 미래의 교통수단으로 꿈꿔온 하늘을 나는 자동차, 그것이 바로 '에어로모빌 퓨전'이다. 지상을 달리는 일반 자동차의 기
>
> 능과 하늘을 나는 비행기의 기능을 모두 갖춘 이 획기적인 탈것은 미래의 이동수단을 혁신적으로 변화시킬 것이 틀림없다.

그러면 의미가 무너지고 제대로 된 검색을 할 수 없다.

따라서 문장 구조를 고려해 다음과 같이 구분할 필요가 있다.

> 미래의 교통수단으로 꿈꿔온 하늘을 나는 자동차, 그것이 바로 '에어로모빌 퓨전'이다.
>
> 지상을 달리는 일반 자동차의 기능과 하늘을 나는 비행기의 기능을 모두 갖춘 이 획기적인 탈것은 미래의 이동수단을 혁신적으로 변화시킬 것이 틀림없다.

이렇게 나누려면 한국어로 문장 구조를 분석해 어디서 나누면 문장 구조가 무너지지 않는지 분석해야 한다.

이 적절한 위치에서 분할할 수 있는 기능을 제공하는 것이 Text splitters이며, 분할 방식에 따라 다양한 종류가 준비돼 있다.

'문장 나누기'에서 설명하는 SpacyTextSplitter는 한국어로 주어, 서술어 등을 분석해 적절한 위치에서 분할할 수 있다.

이처럼 Text splitters는 적절한 위치에서 적절한 길이로 문장을 분할하는 기법을 제공한다.

③ 텍스트 벡터화(Text embedding models)

벡터화의 목적은 이후 단계에서 의미가 가까운 문장을 검색할 수 있게 하기 위함이다. 그리고 '언어 모델을 사용해 텍스트를 벡터화하기'에서 설명한 것처럼 텍스트 벡터화에는 언어 모델을 사용하는데, 이를 위해 Retrieval 모듈에 Text embedding models가 준비돼 있다.

랭체인에는 다양한 개발사의 언어 모델을 쉽게 사용할 수 있는 Text embedding 모델로 앞서 소개한 OpenAI의 텍스트를 벡터화하기 위한 OpenAIEmbeddings, Meta에서 개발한 Llama를 사용한 llama.cpp를 사용하는 LlamaCppEmbeddings 등이 있다.

④ 텍스트와 벡터를 데이터베이스에 저장(Vector stores)

지금까지의 단계를 통해 분할된 문장(여러 개의 텍스트)과 텍스트를 벡터화한 숫자 배열이 준비됐다. 이를 저장하는 데 특화된 데이터베이스가 바로 벡터 데이터베이스다.

파인콘(Pinecone), 크로마DB(ChromaDB) 등 다양한 종류의 벡터 데이터베이스가 존재하며, 이러한 벡터 데이터베이스에 쉽게 데이터를 투입할 수 있는 기능이 Vector stores다.

여기까지가 사전 준비 단계다.

검색 및 프롬프트 구축

검색 및 프롬프트 구축에서는 사용자로부터 질문을 받으면 다음 4단계를 수행한다.

① 사용자의 입력을 벡터화

② 사용자 입력의 벡터를 미리 준비된 데이터베이스에서 검색해 문장 가져오기

③ 획득한 유사 문장과 질문을 조합해 프롬프트 작성

④ 생성한 프롬프트를 사용해 언어 모델 호출

각 단계별 처리 과정을 구체적으로 살펴보자.

① 사용자의 입력을 벡터화(Text embedding models)

앞서 언급했듯이, 의미적으로 가까운 단어나 문장은 벡터가 가까운 값을 가지게 된다. 이 단계에서는 사전 준비의 '③ 텍스트를 벡터화하기(Text embedding models)'에서 했던 것과 같은 방법으로 사용자의 질문을 벡터화한다.

② 사용자 입력의 벡터를 미리 준비된 데이터베이스에서 검색해 문장 가져오기 (Vector stores)

사전 준비에서는 벡터 데이터베이스에 데이터를 저장했지만, 여기서는 ①에서 얻은 벡터화된 질문을 벡터 데이터베이스에서 검색한다. 이를 통해 유사한 문장을 여러 개 얻을 수 있다.

③ 획득한 유사 문장과 질문을 조합해 프롬프트 작성

'PromptTemplate로 변수를 프롬프트에 전개하기'에서 소개한 Model I/O 모듈의 PromptTemplate을 사용해 유사 문장과 질문을 조합한다. 이렇게 획득한 문장과 사용자의 질문을 조합해 프롬프트를 생성하면 언어 모델이 알지 못하는 정보에서 답변을 생성할 수 있다.

④ 생성한 프롬프트를 사용해 언어 모델 호출(Language models)

Model I/O 모듈의 Chat models(언어 모델)를 생성한 프롬프트를 기반으로 호출한다.

이상은 RAG 기법을 사용해 특정 문장을 기반으로 챗봇이 질문에 답하도록 하는 방법이다.

다음 섹션에서는 실제로 코드를 작성해 보겠다.

PDF # RAG

{02} 주어진 PDF를 기반으로 답변하는 챗봇 만들기

💬
외부 데이터 불러오기

여기서는 실제로 랭체인을 사용해 RAG 기법으로 PDF에 포함된 정보를 기반으로 질문에 답하는 챗봇을 만들어 보겠다.

PDF에서 문장 불러오기

먼저 Document loaders인 PyMuPDFLoader를 사용해 PDF에서 텍스트를 읽어들일 준비를 하자. PyMuPDFLoader에서 PDF 파일을 읽어들이기 위해서는 pymupdf라는 패키지가 필요하다. 다음 명령어를 실행해 패키지를 추가한다.

```
python3 -m pip install pymupdf
```

다음으로 PyMuPDFLoader로 불러올 PDF를 준비해 보자. 다음 URL을 열고 PDF 파일을 다운로드한다.

- sample.pdf

  https://raw.githubusercontent.com/wikibook/langchain/master/asset/sample.pdf

다음으로 '파이썬 실행 환경 구축'에서 만든 langchain_book 디렉터리로 이동해 03_retrieval 이라는 이름으로 새 디렉터리를 생성한다. PDF 파일 다운로드가 완료되면 03_retrieval 디렉터리에 sample.pdf라는 이름으로 복사한다. 완료되면 VS Code의 [파일] 메뉴 → [새 텍스트 파일]에서 prepare_1.py라는 파일을 생성하고 다음과 같이 입력한다.

prepare_1.py

```
01. from langchain.document_loaders import PyMuPDFLoader
02.
03. loader = PyMuPDFLoader("./sample.pdf")    ← sample.pdf 로드
04. documents = loader.load()
```

```
05.
06.  print(f"문서 개수: {len(documents)}")           ← 문서 개수 확인
07.  print(f"첫 번째 문서의 내용: {documents[0].page_content}")      ← 첫 번째 문서의 내용을 확인
08.  print(f"첫 번째 문서의 메타데이터: {documents[0].metadata}")    ← 첫 번째 문서의 메타데이터를 확인
```

그런 다음 VS Code의 터미널에서 다음과 같이 실행한다.

```
python3 prepare_1.py
```

그러면 다음과 같은 결과를 확인할 수 있다.

```
문서 개수: 12
첫 번째 문서의 내용: 하늘을 나는 자동차 관련
법제도
주의 ] 이 글은 가상의 비행 자동차를 대상으로 한 법률 자동 생성 예시입니다.

첫 번째 문서의 메타데이터: {'source': './sample.pdf', 'file_path': './sample.pdf',
'page': 0, 'total_pages': 12, 'format': 'PDF 1.7', 'title': '하늘을 나는 자동차 관련
법제도', 'author': '', 'subject': '', 'keywords': ', docId:825DD61FFAE9658C7293B36CB13F
138C', 'creator': 'Microsoft Office Word', 'producer': 'Aspose.Words for .NET 23.11.0',
'creationDate': 'D:20231207125109Z', 'modDate': 'D:20231207125109Z', 'trapped': ''}
```

혹시 다음과 같은 오류가 표시된다면, 파일 이름이 올바른지, python3 명령을 실행하는 디렉터리와 같은 위치에 sample.pdf 파일이 있는지 확인해 본다.

```
ValueError: File path ./sample.pdf is not a valid file or url
```

코드의 요점을 살펴보자.

prepare_1.py

```
03.  loader = PyMuPDFLoader("./sample.pdf")      ← sample.pdf 로드
04.  documents = loader.load()
```

3번째 줄에서 파일명을 지정하고 PyMuPDFLoader를 초기화해 PDF 파일을 불러올 준비를 하고 있다. 다음 4번째 줄의 load 메서드에서 PDF 파일로부터 정보를 불러온다.

load 메서드는 문장의 배열을 반환하는데, 랭체인에서는 하나의 문장을 Document라는 클래스로 표현한다. Document 클래스는 문서의 내용인 page_content와 어떤 문서인지 저장하기 위한 메타데이터를 가지고 있다. Document 클래스로 설정함으로써 문장 자체에 대한 정보를 저장할 수 있을 뿐만 아니라, 다양한 모듈에서 다루기 쉬운 형태로 돼 있다.

PyMuPDFLoader에서는 1페이지마다 1개의 문장(Document)이 생성된다. 즉, PyMuPDFLoader에서는 하나의 PDF 파일을 로드하면 몇 페이지 분량의 Document가 배열로 반환된다.

prepare_1.py

```
06. print(f"문서 개수: {len(documents)}")   ← 문서 개수 확인
```

6번째 줄에서는 load 메서드에서 반환된 documents 변수의 값을 len 함수를 사용해 배열로 표시하고 있다. 결과를 보면 다음과 같이 13개를 가져온 것을 확인할 수 있으며, PDF 파일의 페이지 수와 일치하므로 페이지 수만큼의 Document를 가져온 것을 알 수 있다.

```
문서 개수: 12
```

prepare_1.py

```
07. print(f"첫 번째 문서의 내용: {documents[0].page_content}")   ← 첫 번째 문서의 내용을 확인
08. print(f"첫 번째 문서의 메타데이터: {documents[0].metadata}")   ← 첫 번째 문서의 메타데이터를 확인
```

7행과 8행에서 print 문으로 Document의 page_content와 metadata의 내용을 표시하고 있다. 결과는 다음과 같으며, PDF의 텍스트와 파일명, 페이지 번호 등의 정보가 metadata에 저장돼 있는 것을 확인할 수 있다.

```
첫 번째 문서의 내용: 하늘을 나는 자동차 관련
법제도
주의 ]이 글은 가상의 비행 자동차를 대상으로 한 법률 자동 생성 예시입니다.

첫 번째 문서의 메타데이터: {'source': './sample.pdf', 'file_path': './sample.pdf',
'page': 0, 'total_pages': 12, 'format': 'PDF 1.7', 'title': '하늘을 나는 자동차 관련
법제도', 'author': '', 'subject': '', 'keywords': ', docId:825DD61FFAE9658C7293B36CB13F
```

```
138C', 'creator': 'Microsoft Office Word', 'producer': 'Aspose.Words for .NET 23.11.0',
'creationDate': 'D:20231207125109Z', 'modDate': 'D:20231207125109Z', 'trapped': ''}
```

page_content는 필수이지만, metadata의 항목은 특별히 제한이 없다. 따라서 metadata에는 각 Document loaders의 원본 정보 출처에 대한 정보를 넣는 경우가 많은 것 같다.

이상으로 랭체인을 사용해 몇 줄의 코드로 PDF 파일을 텍스트로 쉽게 불러올 수 있었다.

▌문장 나누기

PDF에서 문장을 가져온 경우, RAG 기법으로 처리하기에는 너무 길어질 수 있기 때문에 Text splitters 모듈로 문맥을 유지하면서 문장을 적절히 분할해야 한다. 랭체인에서는 이러한 텍스트 분할을 위한 다양한 방법을 제공한다. 이번에는 spaCy를 사용해 문장을 분할해 보자.

spaCy는 파이썬으로 개발된 자연어 처리 라이브러리다. 자연어 처리는 인간이 일상에서 사용하는 언어를 컴퓨터가 이해하고 분석할 수 있도록 하는 일련의 기술로, spaCy 라이브러리에서는 문장 분할, 품사 판단, 명사구 추출, 구문 분석 등 다양한 언어 분석 기능을 제공한다.

랭체인에서는 spaCy와 연동해 문장을 분할할 수 있는 기능이 제공된다. 이 기능을 활용해 적절하게 문장을 분할해 보자.

먼저 다음을 실행해 spaCy를 설치한다.

```
python3 -m pip install spacy
```

spaCy에서 언어 처리를 하기 위해서는 대상 언어의 '모델'이라는 데이터를 다운로드해야 한다.

다음 명령어를 실행해 한국어에 대응하는 다운로드를 실행해 보자.

```
python3 -m spacy download ko_core_news_sm
```

완료되면 prepare_1.py를 prepare_2.py라는 파일명으로 복사해 다음과 같이 편집한다.

prepare_2.py

```
01. from langchain.document_loaders import PyMuPDFLoader
02. from langchain.text_splitter import SpacyTextSplitter        ← SpacyTextSplitter를 가져옴
03.
04. loader = PyMuPDFLoader("./sample.pdf")
05. documents = loader.load()
06.
07. text_splitter = SpacyTextSplitter(        ← SpacyTextSplitter를 초기화
08.     chunk_size=300,        ← 분할할 크기를 설정
09.     pipeline="ko_core_news_sm"        ← 분할에 사용할 언어 모델을 설정
10. )
11. splitted_documents = text_splitter.split_documents(documents)        ← 문서를 분할
12.
13. print(f"분할 전 문서 개수: {len(documents)}")
14. print(f"분할 후 문서 개수: {len(splitted_documents)}")
15.
```

입력이 완료되면 VS Code의 터미널에서 다음 명령을 실행해 보자.

```
python3 prepare_2.py
```

그러면 다음과 같은 결과를 확인할 수 있다.

```
분할 전 문서 개수: 12
분할 후 문서 개수: 70
```

추가된 코드와 출력 결과에 대해 자세히 살펴보겠다.

prepare_2.py

```
02. from langchain.text_splitter import SpacyTextSplitter        ← SpacyTextSplitter를 가져옴
    ~~~생략~~~
07. text_splitter = SpacyTextSplitter(        ← SpacyTextSplitter를 초기화
08.     chunk_size=300,        ← 분할할 크기를 설정
09.     pipeline="ko_core_news_sm"        ← 분할에 사용할 언어 모델을 설정
10. )
11. splitted_documents = text_splitter.split_documents(documents)        ← 문서를 분할
```

2번째 줄에서 SpacyTextSplitter를 가져오고, 7~10번째 줄에서 SpacyTextSplitter 인스턴스를 생성한다. 여기서는 chunk_size 매개변수를 사용해 문장을 분할할 크기를 지정하고 있다. 또한 pipeline 매개변수는 분할에 사용할 spaCy 언어 모델을 지정한다.

다음으로 11번째 줄의 split_documents(documents) 메서드를 사용해 불러온 PDF의 각 페이지를 추가로 분할하는 처리를 하고 있다. 이 결과를 split_documents 변수에 저장한다.

prepare_2.py

```
13.  print(f"분할 전 문서 개수: {len(documents)}")
14.  print(f"분할 후 문서 개수: {len(splitted_documents)}")
```

마지막으로 13~14번째 줄에서 분할 전과 분할 후의 문서 수를 표시한다. 이 결과에서 원래 12페이지의 PDF가 70개의 작은 문장으로 분할된 것을 확인할 수 있다. 이를 통해 RAG 기법으로 다루기 쉬운 크기의 문장으로 분할할 수 있었다.

▌분할된 문장을 벡터화해 데이터베이스에 저장한다

다음으로 문장을 벡터화해 데이터베이스에 저장한다. '벡터 유사도 검색'에서 소개한 샘플과 마찬가지로 OpenAI의 임베딩(embedding) 모델인 'text-embedding-ada-002'를 사용해 벡터화해 벡터 데이터베이스에 저장한다.

OpenAI의 임베딩을 이용하려면 파이썬 패키지인 tiktoken이 필요하므로 다음을 실행해 설치한다.

```
python3 -m pip install tiktoken
```

또한 이번에는 벡터 데이터베이스로 크로마(Chroma)를 사용한다. 크로마는 오픈소스 벡터 데이터베이스로 설치만 하면 쉽게 작동할 수 있다.

다음 명령어로 크로마를 설치해 보자.

```
python3 -m pip install chromadb
```

완료되면 prepare_2.py를 prepare_3.py라는 파일명으로 복사해 다음과 같이 편집한다.

prepare_3.py

```
01. from langchain.document_loaders import PyMuPDFLoader
02. from langchain.embeddings import OpenAIEmbeddings          ← OpenAIEmbeddings 가져오기
03. from langchain.text_splitter import SpacyTextSplitter
04. from langchain.vectorstores import Chroma          ← Chroma 가져오기
05.
06. loader = PyMuPDFLoader("./sample.pdf")
07. documents = loader.load()
08.
09. text_splitter = SpacyTextSplitter(
10.     chunk_size=300,
11.     pipeline="ko_core_news_sm"
12. )
13. splitted_documents = text_splitter.split_documents(documents)
14.
15. embeddings = OpenAIEmbeddings(          ← OpenAIEmbeddings를 초기화
16.     model="text-embedding-ada-002"          ← 모델명을 지정
17. )
18.
19. database = Chroma(          ← Chroma를 초기화
20.     persist_directory="./.data",          ← 영속화 데이터 저장 위치 지정
21.     embedding_function=embeddings          ← 벡터화할 모델을 지정
22. )
23.
24. database.add_documents(          ← 문서를 데이터베이스에 추가
25.     splitted_documents,          ← 추가할 문서 지정
26. )
27.
28. print("데이터베이스 생성이 완료되었습니다.")          ← 완료 알림
```

저장이 완료되면 다음 명령을 실행해 보자.

```
python3 prepare_3.py
```

그러면 다음과 같은 결과가 출력된다.

데이터베이스 생성이 완료되었습니다.

추가된 코드를 살펴보자.

prepare_3.py

```
02. from langchain.embeddings import OpenAIEmbeddings        ← OpenAIEmbeddings 가져오기
    ~~~생략~~~
15. embeddings = OpenAIEmbeddings(        ← OpenAIEmbeddings를 초기화
16.     model="text-embedding-ada-002"        ← 모델명을 지정
17. )
```

먼저 2번째 줄에서 `OpenAIEmbeddings`를 가져오고, 15~17번째 줄에서 초기화한다. 여기서는 `model` 매개변수에 OpenAI의 embedding 모델 이름을 지정한다.

prepare_3.py

```
04. from langchain.vectorstores import Chroma        ← Chroma 가져오기
    ~~~생략~~~
19. database = Chroma(        ← Chroma를 초기화
20.     persist_directory="./.data",        ← 영속화 데이터 저장 위치 지정
21.     embedding_function=embeddings        ← 벡터화할 모델을 지정
22. )
23.
24. database.add_documents(        ← 문서를 데이터베이스에 추가
25.     splitted_documents,        ← 추가할 문서 지정
26. )
27.
28. print("데이터베이스 생성이 완료되었습니다.")        ← 완료 알림
```

다음으로 4번째 줄에서 `Chroma`를 가져오고, 19~22번째 줄에서 `Chroma`의 인스턴스를 생성한다. 여기서는 `persist_directory` 매개변수로 데이터베이스의 저장 디렉터리를 지정한다.

이렇게 `persist_directory`를 설정하면 데이터베이스의 상태가 `.data`라는 디렉터리에 저장되어 파이썬 명령의 실행이 종료더라도 데이터베이스의 내용이 삭제되지 않는다.

21번째 줄에서는 `embedding_function` 매개변수로 문장을 벡터화할 언어 모델을 지정한다. 이번 코드에서는 앞서 생성한 OpenAI의 embedding 모델의 인스턴스를 지정하고 있다.

마지막으로 24~26번째 줄에서 `add_documents` 메서드의 인수로 분할된 Document의 배열을 설정 및 호출하고 있다. 이 메서드에서는 Document를 벡터화해 데이터베이스에 추가할 수 있다.

이상으로 랭체인을 사용해 PDF에서 문장을 읽고, 문장을 적절한 크기로 분할하고, 그 문장을 벡터화해 데이터베이스에 저장하기까지의 작동을 확인하고 작업을 완료했다.

다음은 벡터 데이터베이스로 검색해 보자.

벡터 데이터베이스에서 검색 실행하기

이제 지금까지 작성한 코드로 만든 벡터 데이터베이스로 검색을 실행해 실제로 유사한 문장을 검색해 보자.

VS Code의 [파일] 메뉴 → [새 텍스트 파일]에서 `query_1.py`라는 파일을 생성하고 다음과 같이 입력한다.

query_1.py
```
01. from langchain.embeddings import OpenAIEmbeddings
02. from langchain.vectorstores import Chroma
03.
04. embeddings = OpenAIEmbeddings(
05.     model="text-embedding-ada-002"
06. )
07.
08. database = Chroma(
09.     persist_directory="./.data",
10.     embedding_function=embeddings
11. )
12.
13. documents = database.similarity_search("비행 자동차의 최고 속도는?")    ← 데이터베이스에서
                                                              유사도가 높은 문서를 가져옴
```

```
14.  print(f"문서 개수: {len(documents)}")     ← 문서 개수 표시
15.
16.  for document in documents:
17.    print(f"문서 내용: {document.page_content}")  ← 문서 내용을 표시
```

편집이 완료되면 다음 명령을 실행한다.

```
python3 query_1.py
```

실행하면 다음과 같은 출력을 얻을 수 있다.

```
문서 개수: 4
문서 내용: 제2조(정의)
이 법에서 "비행자동차"라 함은 지상 및 공중을 이동할 수 있는 능력을 가진 차량을 말한다.

제3조(일반적 속도제한)

1.
도심에서 비행 자동차가 비행하는 경우 최대 속도는 시속 150km로 한다.

2.
도시 외의 지역에서 비행 자동차가 비행하는 경우 최대 속도는 시속 250km로 한다.
~~~생략~~~
```

코드와 출력에 대해 자세히 살펴보자.

query_1.py

```
13.  documents = database.similarity_search("비행 자동차의 최고 속도는?")   ← 데이터베이스에서
                                                                유사도가 높은 문서를 가져옴
```

13번째 줄에서는 similarity_search 메서드를 사용해 질의문과 유사한 문장을 검색하고 있다. 이 메서드는 질의문과 벡터가 비슷한 Document 목록을 반환한다. 여기서는 "비행기의 최고 속도는?"이라는 질의문으로 검색하고 있다.

query_1.py

```
14.   print(f"문서 개수: {len(documents)}")              ← 문서 개수 표시
15.
16.   for document in documents:
17.       print(f"문서 내용: {document.page_content}")   ← 문서 내용을 표시
```

다음으로 14~17번째 줄에서는 검색 결과를 표시하고 있다. 먼저 len 함수를 사용해 검색 결과의 개수를 표시하고, 이후 for 루프를 사용해 검색 결과의 내용을 표시한다.

실제로 출력 결과를 보면 다음과 같이 관련 문장이 출력된 것을 확인할 수 있다.

```
문서 개수: 4
문서 내용: 제2조(정의)
이 법에서 "비행자동차"라 함은 지상 및 공중을 이동할 수 있는 능력을 가진 차량을 말한다.

제3조(일반적 속도제한)

1.
도심에서 비행 자동차가 비행하는 경우 최대 속도는 시속 150km로 한다.

2.
도시 외의 지역에서 비행 자동차가 비행하는 경우 최대 속도는 시속 250km로 한다.
~~~생략~~~
```

벡터 데이터베이스를 만들어 질문에서 관련 문장을 검색할 수 있었다.

📍 **Point** OpenAI의 벡터화 언어 모델에 대해

이 섹션에서 사용한 'text-embedding-ada-002'도 토큰 사용량에 따라 과금이 이뤄진다. 'gpt-3.5-turbo'와는 달리, 입력 토큰만으로 과금된다. 즉, 벡터화한 문자 수에 따라 과금이 이뤄지며, 1,000토큰당 $0.0004로 'gpt-3.5-turbo'에 비해 저렴하게 설정돼 있다. 또한 최대 입력 토큰 수는 8,191개로 'gpt-3.5-turbo'보다 많은 문자 수로 설정돼 있다.

검색 결과와 질문을 조합해 질문에 답하게 한다

이제 방금 전 검색 결과의 문장과 질문을 조합해 프롬프트를 작성하고 언어 모델을 호출해 보자.

query_1.py를 query_2.py라는 파일명으로 복사해 다음과 같이 편집한다.

query_2.py

```
01. from langchain.chat_models import ChatOpenAI          ← ChatOpenAI 가져오기
02. from langchain.embeddings import OpenAIEmbeddings
03. from langchain.prompts import PromptTemplate          ← PromptTemplate 가져오기
04. from langchain.schema import HumanMessage             ← HumanMessage 가져오기
05. from langchain.vectorstores import Chroma
06.
07. embeddings = OpenAIEmbeddings(
08.     model="text-embedding-ada-002"
09. )
10.
11. database = Chroma(
12.     persist_directory="./.data",
13.     embedding_function=embeddings
14. )
15.
16. query = "비행 자동차의 최고 속도는?"
17.
18. documents = database.similarity_search(query)
19.
20. documents_string = ""                   ← 문서 내용을 저장할 변수를 초기화
21.
22. for document in documents:
23.     documents_string += f"""
24. ---------------------------
25. {document.page_content}
26. """                       ← 문서 내용을 추가
27.
28. prompt = PromptTemplate(              ← PromptTemplate를 초기화
```

```
29.       template="""문장을 바탕으로 질문에 답하세요.
30.
31.  문장:
32.  {document}
33.
34.  질문: {query}
35.  """,
36.       input_variables=["document","query"]          ← 입력 변수를 지정
37.  )
38.
39.  chat = ChatOpenAI(                    ← ChatOpenAI를 초기화
40.       model="gpt-3.5-turbo"
41.  )
42.
43.  result = chat([
44.       HumanMessage(content=prompt.format(document=documents_string, query=query))
45.  ])
46.
47.  print(result.content)
```

편집이 완료되면 저장하고 다음 명령어로 실행해 본다.

```
python3 query_2.py
```

그러면 다음과 같이 출력된다.

비행 자동차의 최고 속도는 도심에서는 시속 150km이고, 도시 외의 지역에서는 시속 250km입니다.

유사 문장을 기반으로 언어 모델이 질문에 답하게 할 수 있었다. 추가된 코드를 살펴보겠다.

query_2.py

```
01.  from langchain.chat_models import ChatOpenAI          ← ChatOpenAI 가져오기
02.  from langchain.embeddings import OpenAIEmbeddings
03.  from langchain.prompts import PromptTemplate          ← PromptTemplate 가져오기
04.  from langchain.schema import HumanMessage             ← HumanMessage 가져오기
```

먼저 1~4번째 줄에서 필요한 모듈을 가져온다. ChatOpenAI, PromptTemplate, HumanMessage는 2장의 Model I/O 모듈에서 소개한 모듈이다.

query_2.py

```
16.  query = "비행 자동차의 최고 속도는?"
17.
18.  documents = database.similarity_search(query)
19.
20.  documents_string = ""          ← 문서 내용을 저장할 변수를 초기화
21.
22.  for document in documents:
23.      documents_string += f"""
24.  -------------------------
25.  {document.page_content}
26.  """                            ← 문서 내용을 추가
```

16번째 줄에 질문으로 '비행차의 최고 속도는?'을 query 변수에 저장하고 있다.

다음으로 20~26번째 줄에서 가져온 문장을 문자열 결합해 프롬프트에 임베드하기 위한 문장을 구성해 documents_string에 저장하고 있다.

query_2.py

```
28.  prompt = PromptTemplate(        ← PromptTemplate를 초기화
29.      template="""문장을 바탕으로 질문에 답하세요.
30.
31.  문장:
32.  {document}
33.
34.  질문: {query}
35.  """,
36.      input_variables=["document","query"]     ← 입력 변수를 지정
37.  )
38.
39.  chat = ChatOpenAI(              ← ChatOpenAI를 초기화
40.      model="gpt-3.5-turbo"
41.  )
42.
```

```
43.  result = chat([
44.      HumanMessage(content=prompt.format(document=documents_string, query=query))
45.  ])
46.
47.  print(result.content)
```

28번째 줄에서는 PromptTemplate을 사용해 프롬프트를 생성하기 위한 템플릿을 만들고 있다.

43~45번째 줄에서는 정보원인 documents_string과 질문인 query를 조합해 프롬프트를 생성하고, ChatOpenAI에서 언어 모델과 채팅을 진행한다.

마지막으로 47번째 줄에서 결과를 print 함수로 출력한다.

이상은 Retrieval의 각 모듈을 사용해 PDF에서 문장을 읽고, 이를 적절한 크기로 분할하고, 그 문장을 벡터화해 데이터베이스에 저장하고, 그 데이터베이스를 사용해 질문에 답하는 애플리케이션의 예시다.

채팅 화면 만들기

마지막으로, 파이썬으로 채팅 화면을 쉽게 만들 수 있는 chainlit이라는 라이브러리를 사용해 브라우저에서 실제로 사용할 수 있는 애플리케이션으로 만들어 보자.

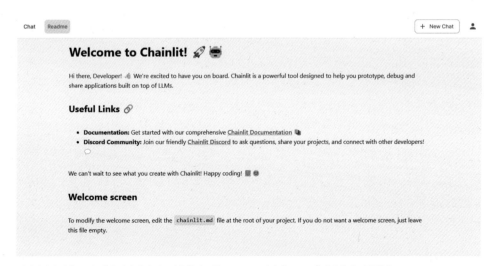

챗지피티와 같은 UI의 채팅 화면에서 상호작용할 수 있는 chainlit. 여기서는 코드에서 호출해 이용한다.

chainlit은 단지 채팅 화면을 만들 수 있도록 하는 라이브러리다. 랭체인과는 별개의 라이브러리이지만, 결합하면 채팅 화면에서 쉽게 랭체인을 사용할 수 있다.

먼저 다음 명령어를 실행해 chainlit을 설치한다.

```
python3 -m pip install chainlit==0.5.1
```

다음으로 VS Code의 [파일] 메뉴 → [새 텍스트 파일]에서 chat_1.py라는 파일을 생성하고 다음과 같이 입력한다.

chat_1.py

```
01. import chainlit as cl
02.
03.
04. @cl.on_chat_start          ← 채팅이 시작될 때 실행할 함수를 정의
05. async def on_chat_start():
06.     await cl.Message(content="준비되었습니다! 메시지를 입력하세요!").send()   ← 초기에
                                                                          표시할 메시지를 보냄
07.
08. @cl.on_message             ← 메시지를 보낼 때 실행할 함수를 정의
09. async def on_message(input_message):
10.     print("입력된 메시지: " + input_message)
11.     await cl.Message(content="안녕하세요!").send()          ← 챗봇의 답변을 보냄
```

입력이 완료되면 다음 명령어를 실행해 chainlit을 실행해 보자.

```
chainlit run chat_1.py
```

이번에는 python3 명령어가 아닌 chainlit 명령어를 사용하고 있으니 주의하자.

이 명령어에 대해 설명하면, 하위 명령어인 run은 서버를 시작하는 것을 의미하며, 뒤에 나오는 chat_1.py는 실행할 파이썬 파일의 이름이다. 실행에 성공하면 웹 브라우저에서 'http://localhost:8000'이 열리고, 채팅창이 실행될 것이다.

메시지를 입력하고 전송해 보자.

잘 작동하면 Chatbot에 '안녕하세요!'라는 메시지가 표시된다. 확인이 완료되면 Ctrl(macOS에서는 control)과 C 키를 동시에 눌러 chainlit의 실행을 종료한다.

이제 코드를 자세히 살펴보겠다. 먼저 첫 번째 줄에서 chainlit을 as로 가져와서 cl이라는 이름으로 사용할 수 있게 한다.

chat_1.py

```
04. @cl.on_chat_start          ← 채팅이 시작될 때 실행할 함수를 정의
05. async def on_chat_start():
06.     await cl.Message(content="준비되었습니다! 메시지를 입력하세요!").send()    ← 초기에
                                                                      표시할 메시지를 보냄
```

5번째 줄에는 on_chat_start라는 함수가 정의돼 있고, 4번째 줄에는 @cl.on_chat_start라는 데코레이터가 붙어 있으며, chainlit에는 @cl.on_chat_start라는 데코레이터가 붙은 함수는 새로운 채팅이 시작될 때마다 실행된다. 일반적으로 처음에 표시하고 싶은 메시지나 새로운 채팅이 시작될 때마다 실행하고 싶은 처리 등을 작성한다.

6번째 줄은 메시지를 채팅창에 표시하는 처리다. 이렇게 처리를 작성하면 '준비되었습니다! 메시지를 입력하세요!'라는 메시지가 새로 채팅을 시작할 때마다 반드시 표시된다.

chat_1.py

```
08. @cl.on_message          ← 메시지를 보낼 때 실행할 함수를 정의
09. async def on_message(input_message):
10.     print("입력된 메시지: " + input_message)
11.     await cl.Message(content="안녕하세요!").send()          ← 챗봇의 답변을 보냄
```

9번째 줄에는 @cl.on_message라는 데코레이터가 붙은 on_message라는 함수가 정의돼 있다. 이 역시 4번째 줄의 cl.on_chat_start와 마찬가지로 @cl.on_message라는 데코레이터가 붙은 함수는 사용자가 메시지를 보낼 때마다 실행된다. on_message 함수에는 input_message라는 인수가 설정돼 있으며, chainlit에서는 사용자가 보낸 메시지는 이 인수를 통해 전달된다.

10번째 줄에서는 print 함수를 실행하고 있다. 이렇게 하면 메시지를 전송할 때마다 다음과 같은 메시지가 VS Code의 터미널에 표시된다.

입력된 메시지: 안녕하세요

변수의 내용을 확인할 때 등 채팅 화면에 표시할 필요가 없는 경우에는 이렇게 print 함수로 확인하면 편리하다.

11번째 줄에서는 메시지를 채팅 화면에 표시하고 있다. 이 샘플에서는 '안녕하세요'라는 코드가 반드시 표시되게 돼 있다.

채팅 화면에서 질문을 입력할 수 있게 하기

이제 방금 전의 query_3.py와 결합해 채팅 화면에서 방금 전의 처리를 실행할 수 있게 해보자.

VS Code의 [파일] 메뉴 → [새 텍스트 파일]에서 chat_2.py를 새로 생성하고 다음과 같이 입력한다.

chat_2.py

```python
01. import chainlit as cl
02. from langchain.chat_models import ChatOpenAI
03. from langchain.embeddings import OpenAIEmbeddings
04. from langchain.prompts import PromptTemplate
05. from langchain.schema import HumanMessage
06. from langchain.vectorstores import Chroma
07.
08. embeddings = OpenAIEmbeddings(
09.     model="text-embedding-ada-002"
10. )
11.
12. chat = ChatOpenAI(model="gpt-3.5-turbo")
13.
14. prompt = PromptTemplate(template="""문장을 바탕으로 질문에 답하세요.
15.
16. 문장:
17. {document}
18.
19. 질문: {query}
20. """, input_variables=["document", "query"])
21.
22. database = Chroma(
23.     persist_directory="./.data",
24.     embedding_function=embeddings
25. )
26.
27. @cl.on_chat_start
28. async def on_chat_start():
29.     await cl.Message(content="준비되었습니다! 메시지를 입력하세요!").send()
30.
31. @cl.on_message
32. async def on_message(input_message):
33.     print("입력된 메시지: " + input_message)
34.     documents = database.similarity_search(input_message)   ← input_message로 변경
35.
36.     documents_string = ""
```

```
37.
38.     for document in documents:
39.         documents_string += f"""
40.     --------------------------
41.     {document.page_content}
42.     """
43.
44.     result = chat([
45.         HumanMessage(content=prompt.format(document=documents_string,
46.                                             query=input_message))   ← input_message로 변경
47.     ])
48.     await cl.Message(content=result.content).send()      ← 챗봇의 답변을 보냄
```

입력이 완료되면 다음 명령어를 실행해 chainlit을 실행해 보자.

```
chainlit run chat_2.py
```

방금 전과 마찬가지로 채팅창이 뜨면 '비행 자동차의 최고 속도를 알려주세요'라고 입력해 보자. 잘 작동한다면 '비행 자동차의 최고 속도는 도심에서는 시속 150km, 도심 외 지역에서는 시속 250km입니다.'라는 답변이 돌아올 것이다.

코드의 변경 사항을 살펴보겠다.

chat_2.py

```
31. @cl.on_message
32. async def on_message(input_message):
33.     print("입력된 메시지: " + input_message)
34.     documents = database.similarity_search(input_message)   ← input_message로 변경
    ~~~생략~~~
44.     result = chat([
45.         HumanMessage(content=prompt.format(document=documents_string,
46.                                             query=input_message))   ← input_message로 변경
47.     ])
48.     await cl.Message(content=result.content).send()      ← 챗봇의 답변을 보냄
```

34번째 줄에서는 database의 similarity_search 메서드의 인수로 input_message를 설정하고 있다. 이렇게 하면 사용자가 보낸 메시지가 질의문으로 사용된다.

45번째 줄에서도 마찬가지로 PromptTemplate의 format 메서드의 query 인수로 input_message를 설정하고 있다. 이렇게 하면 사용자가 보낸 메시지가 질문으로 사용된다.

마지막으로 48행에서는 cl.Message의 content 인수에 result.content를 설정하고 있다. 이렇게 하면 언어 모델의 출력 결과가 채팅 화면에 표시된다.

채팅 시작 시 파일 업로드 가능

지금까지의 애플리케이션에서는 채팅을 시작하기 전에 특정 PDF 파일을 지정해야만 채팅을 시작할 수 있었다. 이번에는 채팅을 시작하기 전에 PDF 파일을 업로드할 수 있게 해보자.

이 애플리케이션은 사용자가 파일을 업로드하는 순간, 기존에 수행하던 텍스트 추출, 텍스트 분할, 벡터화, 데이터베이스에 저장하는 작업을 수행한다.

chat_2.py를 query_3.py라는 파일명으로 복사하고 다음과 같이 편집한다.

chat_3.py

```
01. import os
02. import chainlit as cl
03. from langchain.chat_models import ChatOpenAI
04. from langchain.document_loaders import PyMuPDFLoader
05. from langchain.embeddings import OpenAIEmbeddings
06. from langchain.prompts import PromptTemplate
07. from langchain.schema import HumanMessage
08. from langchain.text_splitter import SpacyTextSplitter
09. from langchain.vectorstores import Chroma
10.
11.
12. embeddings = OpenAIEmbeddings(
13.     model="text-embedding-ada-002"
14. )
15.
```

```python
16.  chat = ChatOpenAI(model="gpt-3.5-turbo")
17.
18.  prompt = PromptTemplate(template="""문장을 기반으로 질문에 답하세요.
19.
20.  문장:
21.  {document}
22.
23.  질문: {query}
24.  """, input_variables=["document", "query"])
25.
26.  text_splitter = SpacyTextSplitter(chunk_size=300, pipeline="ko_core_news_sm")
27.
28.  @cl.on_chat_start
29.  async def on_chat_start():
30.      files = None          ← 파일이 선택돼 있는지 확인하는 변수
31.
32.      while files is None:          ← 파일이 선택될 때까지 반복
33.          files = await cl.AskFileMessage(
34.              max_size_mb=20,
35.              content="PDF를 선택해 주세요",
36.              accept=["application/pdf"],
37.              raise_on_timeout=False,
38.          ).send()
39.      file = files[0]
40.
41.      if not os.path.exists("tmp"):          ← tmp 디렉터리가 존재하는지 확인
42.          os.mkdir("tmp")          ← 존재하지 않으면 생성
43.      with open(f"tmp/{file.name}", "wb") as f:          ← PDF 파일을 저장
44.          f.write(file.content)          ← 파일 내용을 작성
45.
46.      documents = PyMuPDFLoader(f"tmp/{file.name}").load()          ← 저장한 PDF 파일을 로드
47.      splitted_documents = text_splitter.split_documents(documents)          ← 문서를 분할
48.
49.      database = Chroma(          ← 데이터베이스 초기화
50.          embedding_function=embeddings,
51.          # 이번에는 persist_directory를 지정하지 않음으로써 데이터베이스 영속화를 하지 않음
52.      )
```

```
53.
54.     database.add_documents(splitted_documents)     ← 문서를 데이터베이스에 추가
55.
56.     cl.user_session.set(          ← 데이터베이스를 세션에 저장
57.         "database",               ← 세션에 저장할 이름
58.         database                  ← 세션에 저장할 값
59.     )
60.
61.     await cl.Message(content=f"`{file.name}` 로딩이 완료되었습니다. 질문을
        입력하세요.").send()          ← 불러오기 완료를 알림
62.
63. @cl.on_message
64. async def on_message(input_message):
65.     print("입력된 메시지: " + input_message)
66.
67.     database = cl.user_session.get("database")     ← 세션에서 데이터베이스를 가져옴
68.
69.     documents = database.similarity_search(input_message)
70.
71.     documents_string = ""
72.
73.     for document in documents:
74.         documents_string += f"""
75.     ---------------------------
76.     {document.page_content}
77.     """
78.
79.     result = chat([
80.         HumanMessage(content=prompt.format(document=documents_string,
81.                                 query=input_message))     ← input_message로 변경
82.     ])
83.     await cl.Message(content=result.content).send()
```

입력이 완료되면 다음 명령을 실행한다.

```
chainlit run chat_3.py
```

그러면 지난번과 마찬가지로 채팅 화면이 나타난다.

지금까지의 채팅 화면과 달리 파일을 업로드할 수 있는 창이 나타나는 것을 확인할 수 있다. [Browse Files]에서 방금 전의 `sample.pdf`를 업로드해 보자. 잠시 기다리면 다음과 같은 메시지가 표시된다.

> `'sample.pdf'` 로딩이 완료되었습니다. 질문을 입력하세요.

다음으로 방금 전과 마찬가지로 '비행 자동차의 최고 속도는?'을 입력해 보자. 그러면 방금 전과 같은 대답이 돌아올 것이다.

화면 오른쪽 상단에 있는 [New Chat]이라는 버튼을 클릭하면 새로운 채팅이 시작되고, 다시 PDF를 업로드할 수 있다.

이제 채팅 시작 시 파일을 업로드할 수 있게 됐다.

코드를 자세히 살펴보자. 먼저 32번째 줄부터 on_chat_start 함수 내에서 파일 업로드를 받는 부분이다.

chat_3.py

```
32.  while files is None:                      ← 파일이 선택될 때까지 반복
33.      files = await cl.AskFileMessage(
34.          max_size_mb=20,
35.          content="PDF를 선택해 주세요",
36.          accept=["application/pdf"],
37.          raise_on_timeout=False,
38.      ).send()
39.  file = files[0]
```

chainlit에서는 cl.AskFileMessage를 실행해 파일 업로드를 위한 요소를 표시할 수 있다.

34행의 max_size_md는 20으로 설정돼 있으며, 이는 20MB까지 업로드할 수 있음을 의미한다.

35번째 줄의 content는 파일 선택 시 표시되는 메시지로, 'PDF를 선택해 주세요'라는 메시지가 표시된다.

36번째 줄의 accept는 업로드할 수 있는 파일 유형을 지정한다. 여기서는 PDF 파일만 허용하고 있다.

그리고 37번째 줄에서는 raise_on_timeout을 False로 설정해 사용자가 파일을 업로드하지 않아도 에러가 발생하지 않게 하고 있다.

다음으로 46번째 줄부터 PDF 파일을 불러와서 텍스트를 추출하는 부분을 살펴보자.

chat_3.py

```
46.  documents = PyMuPDFLoader(f"tmp/{file.name}").load()      ← 저장한 PDF 파일을 로드
47.      splitted_documents = text_splitter.split_documents(documents)   ← 문서를 분할
```

여기서는 이전 애플리케이션과 마찬가지로 **PyMuPDFLoader**를 사용해 PDF 파일을 로드하고 **SpacyTextSplitter**를 사용해 텍스트를 분할하고 있다.

다음 49번째 줄부터는 벡터화해 데이터베이스에 저장하고 있다.

chat_3.py

```
49. database = Chroma(          ← 데이터베이스 초기화
50.     embedding_function=embeddings,
51.     # 이번에는 persist_directory를 지정하지 않음으로써 데이터베이스 영속화를 하지 않음
52. )
53.
54.     database.add_documents(splitted_documents)     ← 문서를 데이터베이스에 추가
55.
56.     cl.user_session.set(          ← 데이터베이스를 세션에 저장
57.         "database",     ← 세션에 저장할 이름
58.         database          ← 세션에 저장할 값
59.     )
```

49번째 줄에서는 데이터베이스를 초기화하고 있다. 이번에는 벡터 데이터베이스에 저장한 후, 프로그램을 종료하지 않고 데이터베이스에 쿼리를 수행하기 때문에 영속화를 할 필요가 없다. 따라서 **persist_directory**를 설정하지 않고, 영속화를 하지 않는 설정으로 돼 있다.

54행에서 **add_documents**를 사용해 분할한 문서를 벡터화해 데이터베이스를 생성한다.

이후 **cl.user_session.set**를 사용해 벡터화된 데이터베이스를 세션에 저장해 **on_message**에서도 사용할 수 있게 한다.

63번째 줄부터는 마지막으로 사용자로부터 메시지를 받아 처리하는 부분이다.

chat_3.py

```
63. @cl.on_message
64. async def on_message(input_message):
    ~~~생략~~~
67.     database = cl.user_session.get("database")     ← 세션에서 데이터베이스를 가져옴
```

여기서 변경된 점은 database 변수에서 cl.user_session.get("database")를 실행해 cl.on_chat_start 내에 저장돼 있는 database를 읽어올 수 있게 됐다는 점이다.

그다음에는 이전 애플리케이션과 마찬가지로 언어 모델을 호출해 메시지를 채팅 화면에 표시한다.

Column 언어 모델에 새로운 정보를 제공하는 또 하나의 방법

언어 모델의 정보 제공 방법에는 미세 조정(Fine-tuning)이라는 방법도 존재한다. RAG는 데이터베이스에서 관련 정보를 획득해 프롬프트를 삽입해 언어 모델이 응답을 생성할 때 참고 자료로 사용하는 접근법이다. 이는 외부 정보를 받아들이기 위한 방법이며, 언어 모델의 기본 작동을 바꾸는 것은 아니다. 반면, 미세 조정은 언어 모델을 준비된 학습자료를 바탕으로 재학습시켜 언어 모델 자체의 작동을 변화시키는 방법이다. 예를 들어, 한 분야의 전문적인 데이터를 준비하고 사전 학습된 언어 모델을 그 데이터로 재학습시킴으로써 해당 분야의 전문적인 대화를 할 수 있게 된다. 또한, 사용자 개인별 대화 내용을 이용해 미세 조정 함으로써 사용자 고유의 표현이나 성격을 반영한 개인 맞춤형 언어 모델을 만들 수도 있다.

미세 조정은 언어 모델 자체를 커스터마이징하기 때문에 새로운 능력을 얻을 수 있지만, 이 책을 집필하는 당시에 GPT-3.5, GPT-4는 지원하지 않았으며, 대량의 데이터가 필요하고 조정이 어려웠다.

그러나 OpenAI가 2023년 7월 6일에 발표한 대로 GPT-3.5, GPT-4도 미세 조정을 지원해 언어 모델 커스터마이징이 더욱 쉬워졌다.

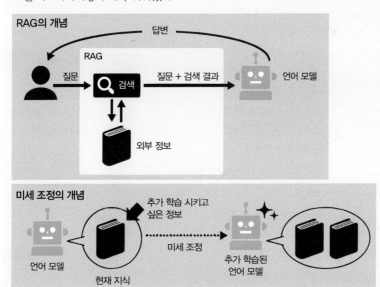

{ **section** **03** } ## RetrievalQA로
QA 시스템 구축이 쉬워진다

코드의 스마트화 및 효율화

Retrieval 모듈에서는 RAG를 이용한 QA 시스템 개발을 보다 쉽고 다기능적으로 만들어주는 RetrievalQA 모듈을 제공하는데, RetrievalQA를 이용한 시스템 개발이 어떤 것인지 살펴보자.

RetrievalQA란?

RetrievalQA는 이전 섹션에서 설명한 RAG 기법을 이용한 QA 시스템을 보다 쉽게 개발할 수 있고, 다기능으로 만들기 위한 모듈이다.

정보원 문장 구축이나 기반이 되는 프롬프트 구축은 RAG를 이용한 QA 시스템에서 비슷한 구현을 하는 경우가 많다. 다른 구현이 되는 것은 어떤 문장을 준비할 것인가, 그리고 어떻게 검색할 것인가 하는 점이다.

RetrievalQA는 이렇게 애플리케이션마다 다른 부분에만 집중할 수 있도록 QA 시스템에서 일반적으로 동일하게 구현되는 과정을 생략할 수 있게 돼 있다. RetrievalQA를 사용하면 다음과 같은 구체적인 이점이 있다.

- 검색, 프롬프트 구축, 언어 모델 호출 처리의 구현을 단순화한다.
- 준비된 Retrievers를 사용해 쉽게 구현할 수 있다.

각각의 장점에 대해 코드를 보면서 구체적으로 어떤 것들이 가능한지 살펴보자.

RetrievalQA로 코드를 간단하게

이전 섹션에서는 프롬프트 구축, 언어 모델 호출 등을 하나하나 수행했지만, RetrievalQA를 사용하면 코드양을 크게 줄일 수 있어 구현을 효율화할 수 있다. 이전 섹션에서 작성한 query_2. py가 RetrievalQA에서 어떻게 작성되는지 살펴보자.

query_2.py를 query_3.py라는 파일명으로 복사해 다음과 같이 편집한다.

query_3.py

```
01. from langchain.chains import RetrievalQA          ← RetrievalQA를 가져오기
02. from langchain.chat_models import ChatOpenAI
03. from langchain.embeddings import OpenAIEmbeddings
04. from langchain.vectorstores import Chroma
05.
06. chat = ChatOpenAI(model="gpt-3.5-turbo")
07.
08. embeddings = OpenAIEmbeddings(
09.     model="text-embedding-ada-002"
10. )
11.
12. database = Chroma(
13.     persist_directory="./.data",
14.     embedding_function=embeddings
15. )
16.
17. retriever = database.as_retriever()          ← 데이터베이스를 Retriever로 변환
18.
19. qa = RetrievalQA.from_llm(          ← RetrievalQA를 초기화
20.     llm=chat,                       ← Chat models를 지정
21.     retriever=retriever,            ← Retriever를 지정
22.     return_source_documents=True    ← 응답에 원본 문서를 포함할지를 지정
23. )
24.
25. result = qa("비행 자동차의 최고 속도를 알려주세요")
26.
27. print(result["result"])          ← 응답을 표시
28.
29. print(result["source_documents"])          ← 원본 문서를 표시
```

위 코드를 다음 명령어로 실행한다.

```
python3 query_3.py
```

그러면 다음과 같은 결과가 VS Code의 터미널에 표시된다.

도심에서 비행하는 경우 최대 속도는 시속 150km로, 도시 외의 지역에서 비행하는 경우 최대 속도는 시속 250km로 설정되어 있습니다. 특정 지역이나 시설 상공 또는 특정 비행 코스에서는 별도의 속도 제한이 설정될 수 있습니다. 긴급차량, 공공기관 차량 및 관련 공적 임무 를 수행하는 차량에 대해서는 제한 속도를 초과하여 비행할 수 있도록 허용되어 있습니다.

```
[
    Document(
        page_content = '제2조(정의)\n이 법에서 "비행자동차"라 함은 지상 및 공중을 이동할 수 있는 능력을 가진 차량을 말한다. \n\n\n제3조(일반적 속도제한)\n\n\n1.\n도심에서 비행 자동차가 비행하는 경우 최대 속도는 시속 150km로 한다.\n\n\n2.\n\n도시 외의 지역에 서 비행 자동차가 비행하는 경우 최대 속도는 시속 250km로 한다.\n\n\n3.\n\n특정 지역이나 시설 상공 또는 특정 비행 코스에서는 별도의 속도 제한이 설정될 수 있다.\n\n\n제4조 (특례 속도 제한)\n1.',
        metadata = {
            'source': './sample.pdf',
            'file_path': './sample.pdf',
            'page': 3,
            'total_pages': 12,
            'format': 'PDF 1.7',
            'title': '하늘을 나는 자동차 관련 법제도',
            'author': '',
            'subject': '',
            'keywords': ', docId:825DD61FFAE9658C7293B36CB13F138C',
            'creator': 'Microsoft Office Word',
            'producer': 'Aspose.Words for .NET 23.11.0',
            'creationDate': 'D:20231207125109Z',
            'modDate': 'D:20231207125109Z',
            'trapped': ''
        }
    ),
    ~~~생략~~~
]
```

코드에 대해 자세히 알아보자.

query_3.py

```
17.  retriever = database.as_retriever()        ← 데이터베이스를 Retriever로 변환
```

17번째 줄에서 as_retriever 메서드를 실행해 database를 Retriever 형식으로 변환한다.

RetrievalQA를 사용하는 데 있어 가장 중요한 점으로, RetrievalQA에는 반드시 Retriever가 필요하다. Retriever는 간단히 설명하면 특정 검색을 할 때 Document의 배열을 반환하는 모듈이다. Retriever에 관해서는 다음 섹션에서 자세히 설명하겠다.

query_3.py

```
01.  from langchain.chains import RetrievalQA        ← RetrievalQA를 가져오기
     ~~~생략~~~
19.  qa = RetrievalQA.from_llm(        ← RetrievalQA를 초기화
20.      llm=chat,                      ← Chat models를 지정
21.      retriever=retriever,           ← Retriever를 지정
22.      return_source_documents=True        ← 응답에 원본 문서를 포함할지를 지정
23.  )
```

1번째 줄에서는 RetrievalQA 가져오기를 추가하고, 19번째 줄에서는 from_llm을 실행해 RetrievalQA를 초기화한다.

20번째 줄 이후에서 llm에 Chat 모델을, retriever에 방금 데이터베이스에서 변환한 Retriever를 지정하고, return_source_documents에 True를 설정해 실행 시 답변뿐만 아니라 참고한 문서도 함께 가져온다. 이번에는 어떤 문장을 가져왔는지 확인하기 위해 True로 설정해 보자.

query_3.py

```
25.  result = qa("비행 자동차의 최고 속도를 알려주세요")
26.
27.  print(result["result"])        ← 응답을 표시
28.
29.  print(result["source_documents"])        ← 원본 문서를 표시
```

마지막으로 25번째 줄부터 초기화한 RetrievalQA를 실행한다.

편집 전 코드를 아래에 다시 게시한다. 이와 비교하면 구현해야 할 처리가 줄어들었음을 알 수 있다.

query_2.py (편집 전)

```
20.  documents_string = ""              ← 문서 내용을 저장할 변수를 초기화
21.
22.  for document in documents:
23.      documents_string += f"""
24.  --------------------------
25.  {document.page_content}
26.  """                  ← 문서 내용을 추가
27.
28.  prompt = PromptTemplate(          ← PromptTemplate를 초기화
29.      template="""문장을 바탕으로 질문에 답하세요.
30.
31.  문장:
32.  {document}
33.
34.  질문: {query}
35.  """,
36.      input_variables=["document","query"]          ← 입력 변수를 지정
37.  )
        ~~~생략~~~
43.  result = chat([
44.      HumanMessage(content=prompt.format(document=documents_string, query=query))
45.  ])
```

위 편집 전 코드의 20번째 줄 이하에 있는 정보원 텍스트 구축, PromptTemplate을 이용한 프롬프트 구축 처리가 이번 코드에서는 삭제됐다. 이 처리들은 RetrievalQA 내에서 암묵적으로 수행된다.

이것이 RetrievalQA를 사용하는 장점인 검색, 프롬프트 구축, 언어 모델 호출 처리의 구현을 단순화하는 기능이다.

Column RetrievalQA 사용의 또 다른 장점

RetrievalQA를 사용하는 또 다른 장점은 정보 출처가 되는 문장을 생성하는 방법을 선택할 수 있다는 점이다.

언어 모델을 호출할 때 입력되는 프롬프트는 다음 세 요소로 구성된다.

- 출처가 되는 문장
- 질문
- 출처가 되는 문장을 바탕으로 질문에 답하도록 지시

RetrievalQA를 사용하면 출처가 되는 문장을 작성하는 방법을 변경할 수도 있다. 표준 작동으로, 출처가 되는 문장은 단순히 결합된다. 그렇기 때문에, 섹션의 시작에서 보여준 프롬프트처럼 소수의 문장을 획득해 해결할 수 있는 태스크에 적합하다. 반면, 이 방법의 단점은 '정보 출처로서 여러 긴 문장이 필요한 질문'에 대응할 수 없다는 점이다. 단순히 모든 문장을 연결하면 프롬프트가 너무 길어져서 언어 모델의 입력 문장 수 제한(콘텍스트 길이 제한)을 초과하게 된다. 이러한 문제에 대응하기 위해 랭체인은 다음과 같은 결합 방법도 제공한다.

- Refine
  모든 문장에 순서대로 접근하며, 각각의 문장을 평가하면서 반복적으로 답을 업데이트하는 방법이다.

- Map reduce
  각 문장에 대해 LLM 체인을 개별적으로 적용하고(Map 스텝), 그 출력을 새로운 문장으로 만든다. 그런 다음 모든 새로운 문장을 다른 문서 결합 체인에 전달해 단일 출력을 얻는다(Reduce 스텝). 필요에 따라 매핑된 문장을 압축할 수도 있다.

- Map re-rank
  각 문장에 대해 초기 프롬프트를 실행하고, 태스크를 완료하는 것뿐만 아니라 그 대답에 대한 확신도를 점수로 출력한다. 가장 높은 점수를 가진 응답이 반환된다. 이를 통해 가장 신뢰성 높은 답변을 선택할 수 있다.

본문에서는 설명하지 않지만, 위와 같이 RetrievalQA에서는 정보 출처가 되는 문장의 조합 방법을 선택함으로써 다양한 태스크나 상황에 대응할 수 있다.

#위키백과 #Retrievers

준비된 Retrievers를 사용해 위키백과를 정보원으로 활용

답변을 의도한 대로
작성하는 기술

이전 섹션의 코드에서는 문장이 저장된 벡터 데이터베이스에서 Retrievers를 생성했다. 이번 섹션에서는 Retrieval 모듈에 이미 제공되는 다른 Retrievers를 사용해 보겠다.

Retrievers는 문서를 검색하는 기능 세트

Retrievers는 특정 단어로 검색을 하면 관련된 여러 문서(문장)를 얻을 수 있는 일련의 기능을 총칭한다. 또한, 이전 섹션에서 설명한 RetrievalQA는 받은 Retrievers를 이용해 문장을 검색하고, 검색된 문장을 기반으로 답변을 생성하는 기능을 가지고 있다. 즉, Retrievers를 교체함으로써 정보원을 변경할 수 있다. 앞서 벡터 데이터베이스에서 as_retriever 메서드를 사용해 Retrievers를 만들었는데, 어떻게 작동하는지 확인해 보겠다.

다음은 설명을 위한 것으로 실제로 코드를 작성해 볼 필요는 없다.

sample_wikipedia.py

```python
01. from langchain.retrievers import WikipediaRetriever
02.
03. retriever = WikipediaRetriever(              ← WikipediaRetriever를 초기화
04.     lang="ko",           ← Wikipedia의 언어를 지정
05. )
06. documents = retriever.get_relevant_documents(       ← Wikipedia에서 관련 문서를 가져옴
07.     "대형 언어 모델"    ← 검색할 키워드를 지정
08. )
09.
10. print(f"검색 결과: {len(documents)}건")              ← 검색 결과 건수를 표시
11.
12. for document in documents:
13.     print("--------------검색한 메타데이터--------------")
14.     print(document.metadata)    ← 메타데이터를 표시
15.     print("--------------검색한 텍스트--------------")
16.     print(document.page_content[:100])    ← 텍스트의 첫 100글자를 표시
```

위와 같이 실행하면 다음과 같은 출력을 얻을 수 있다.

검색 결과: 3건
---------------검색한 메타데이터---------------
{'title': '대형 언어 모델', 'summary': '대형 언어 모델(Large language model, LLM) 또는
거대 언어 모델은 수많은 매개변수(보통 수십억 웨이트 이상)를 보유한 인공 신경망으로
구성되는 언어 모델이다. 자기 지도 학습이나 반자기지도학습을 사용하여 레이블링되지 않은
상당한 양의 텍스트로 훈련된다. LLM은 2018년 즈음에 모습을 드러냈으며 다양한 작업을 위해
수행된다. 이전의 특정 작업의 특수한 지도 학습 모델의 훈련 패러다임에서 벗어나 자연어 처리
연구로 초점이 옮겨졌다.\n대규모 언어 모델(LLM)은 AI 챗봇 기술을 가능하게 하는 요소이며
많은 화제를 불러일으키고 있는 주제 중 하나다.
~~~생략~~~
따라서 딥러닝 AI의 적절한 학습을 위해서는 적절한 프롬프트를 선택하는 것이 중요하다.',
'source': 'https://ko.wikipedia.org/wiki/%EB%8C%80%ED%98%95_%EC%96%B8%EC%96%B4_%EB%AA%A8%
EB%8D%B8'}
---------------검색한 텍스트---------------
대형 언어 모델(Large language model, LLM) 또는 거대 언어 모델은 수많은 매개변수(보통
수십억 웨이트 이상)를 보유한 인공 신경망으로 구성되는 언어 모델이다.
---------------검색한 메타데이터---------------
{'title': '데이터베이스', 'summary': '데이터베이스(영어: database, DB)는 여러 사람이
공유하여 사용할 목적으로 체계화해 통합, 관리하는 데이터의 집합이다. 작성된 목록으로써
여러 데이터 베이스 관리 시스템(DBMS)의 통합된 정보들을 저장하여 운영할 수 있는 공용
데이터들의 묶음이다. 데이터베이스에 속해 있는 모델은 다양하다.', 'source': 'https://
ko.wikipedia.org/wiki/%EB%8D%B0%EC%9D%B4%ED%84%B0%EB%B2%A0%EC%9D%B4%EC%8A%A4'}
---------------검색한 텍스트---------------
데이터베이스(영어: database, DB)는 여러 사람이 공유하여 사용할 목적으로 체계화해 통합,
관리하는 데이터의 집합이다. 작성된 목록으로써 여러 데이터 베이스 관리 시스템(
---------------검색한 메타데이터---------------
{'title': '닌텐도 스위치', 'summary': '닌텐도 스위치(영어: Nintendo Switch)는 닌텐도가
제작 · 출시한 비디오 게임 콘솔이다. 닌텐도 3DS와 Wii U 이후 발매한 차세대 기종으로, 2017년
3월 3일 전세계 대부분의 국가에서 출시되었다. 기기 자체는 도킹이 가능한 태블릿 형태로,
거치대에 연결해 가정용 게임기로 이용하거나 분리해 휴대용 게임기로 사용할 수 있는 복합형
콘솔이다. 스위치의 컨트롤러는 무선 조이콘으로, 표준형 버튼 및 아날로그 스틱 이외에 동작
인식 및 진동 출력을 지원하며, 콘솔 양측 옆면에 장착해 휴대용 게임기식으로 사용할 수 있다.
~~~생략~~~
상업적 성공의 주역으로 우수한 닌텐도 퍼스트파티 게임들이 꼽혔으며, 이 중 6개의
게임들(《젤다의 전설 브레스 오브 더 와일드》, 《마리오 카트 8 디럭스》, 《슈퍼 마리오

오디세이 》, 《 슈퍼 스매시 브라더스 얼티밋 》, 《 포켓몬스터 소드·실드 》, 《 모여봐요 동물의 숲 》)은 각각 2000만 장 이상 판매되는 쾌거를 이뤘다.', 'source': 'https:// ko.wikipedia.org/wiki/%EB%8B%8C%ED%85%90%EB%8F%84_%EC%8A%A4%EC%9C%84%EC%B9%98'}

--------------검색한 텍스트---------------

닌텐도 스위치(영어: Nintendo Switch)는 닌텐도가 제작·출시한 비디오 게임 콘솔이다. 닌텐도 3DS와 Wii U 이후 발매한 차세대 기종으로, 2017년 3월 3일

코드와 출력의 의미를 살펴보자.

sample_wikipedia.py

```
03.  retriever = WikipediaRetriever(          ← WikipediaRetriever를 초기화
04.      lang="ko",                           ← 위키백과의 언어를 지정
05.  )
06.  documents = retriever.get_relevant_documents(   ← 위키백과에서 관련 문서를 가져옴
07.      "대형 언어 모델"                       ← 검색할 키워드를 지정
08.  )
```

먼저 3번째 줄에서 `WikipediaRetriever` 클래스를 초기화한다. 초기화할 때 인수 `lang`에는 대상 위키백과의 언어를 지정한다. 여기서는 한국어 위키백과를 대상으로 하므로 `"ko"`로 지정한다.

다음으로 6번째 줄에서 `get_relevant_documents` 메서드를 사용해 위키백과에서 관련 기사를 가져오고 있다. 인수에는 검색할 키워드를 지정한다. 이 `get_relevant_documents`는 `WikipediaRetriever`와 상관없이 모든 Retrievers에 존재하는 메서드다. 즉, `get_relevant_documents`와 같은 'Retrievers에 필요한 메서드가 존재하는 것'이 Retrievers가 된다. `get_relevant_documents`에서는 검색에 대해 Document 클래스의 배열을 반환한다. Document 는 문서의 내용인 `page_content`와 어떤 문서인지 저장하기 위한 `metadata`를 가지고 있다.

sample_wikipedia.py

```
12.  for document in documents:
13.      print("--------------검색한 메타데이터---------------")
14.      print(document.metadata)           ← 메타데이터를 표시
15.      print("--------------검색한 텍스트---------------")
16.      print(document.page_content[:100]) ← 텍스트의 첫 100글자를 표시
```

이번 예제에서 `page_content`는 위키백과의 기사 내용을 저장하고 있다. `metadata`는 Retrievers에서 자유롭게 설정할 수 있다. `WikipediaRetriever`에서는 title, summary 등이 설정돼 있는 것을 확인할 수 있다.

이후 검색 결과의 건수를 표시하고, 검색된 메타데이터와 텍스트의 첫 100자를 표시하고 있다. 이를 통해 검색된 기사의 제목, 개요, URL 등의 정보를 확인할 수 있다.

이처럼 Retrievers는 특정 단어나 질문으로 검색해 Document의 배열을 반환하는 일련의 기능이다. 즉, 검색이 가능하고 Document 클래스의 배열을 반환할 수 있다면 벡터 데이터베이스를 사용할 필요가 없다.

이제 `WikipediaRetriever`를 사용해 위키백과의 정보를 바탕으로 질문에 답할 수 있게 해보자. 다음 명령어를 실행해 파이썬의 `wikipedia` 패키지를 설치한다.

```
python3 -m pip install wikipedia
```

`wikipedia_qa_1.py`라는 파일을 새로 만들고 다음을 입력한다.

wikipedia_qa_1.py

```
01. from langchain.chains import RetrievalQA
02. from langchain.chat_models import ChatOpenAI
03. from langchain.retrievers import WikipediaRetriever
04.
05. chat = ChatOpenAI()
06.
07. retriever = WikipediaRetriever(          ← WikipediaRetriever를 초기화
08.     lang="ko",          ← 위키백과의 언어를 지정
09.     doc_content_chars_max=500,          ← 검색할 텍스트의 최대 글자수를 지정
10.     top_k_results=2,          ← 검색 결과 중 상위 몇 건을 가져올지 지정
11. )
12.
13. chain = RetrievalQA.from_llm(          ← RetrievalQA를 초기화
14.     llm=chat,          ← 사용할 Chat models를 지정
15.     retriever=retriever,          ← 사용할 Retriever를 지정
16.     return_source_documents=True,          ← 정보를 가져온 원본 문서를 반환
```

```
17. )
18.
19. result = chain("소주란?")              ← RetrievalQA를 실행
20.
21. source_documents = result["source_documents"]      ← 정보 출처의 문서를 가져옴
22.
23. print(f"검색 결과: {len(source_documents)}건")      ← 검색 결과 건수를 표시
24. for document in source_documents:
25.     print("--------------검색한 메타데이터--------------")
26.     print(document.metadata)
27.     print("--------------검색한 텍스트--------------")
28.     print(document.page_content[:100])
29. print("--------------응답--------------")
30. print(result["result"])              ← 응답을 표시
```

저장이 완료되면 다음 명령을 실행해 보자.

```
python3 wikipedia_qa_1.py
```

다음과 같은 결과가 표시된다.

```
검색 결과: 2건
--------------검색한 메타데이터--------------
{'title': '소주', 'summary': '소주(燒酒)는 곡류를 발효시켜 증류하거나, 에탄올을 물로
희석하여 만든 술이다.', 'source': 'https://ko.wikipedia.org/wiki/%EC%86%8C%EC%A3%BC'}
--------------검색한 텍스트--------------
소주(燒酒)는 곡류를 발효시켜 증류하거나, 에탄올을 물로 희석하여 만든 술이다.


== 어원 ==
소주라는 말은 태워서 만든 술이라는 뜻이다. 소주의 원명은 증류, 땀을 가리키는
--------------검색한 메타데이터--------------
{'title': '한국의 소주', 'summary': '한국의 소주(燒酒)는 전통적으로 쌀로 증류해왔지만,
일제 강점기와 한국 전쟁 이후부터 경제 성장기에 걸쳐 감자, 밀, 보리, 고구마, 타피오카 등의
전분을 첨가한 소주가 만들어지게 되었다. 소주는 원래는 증류식 소주만을 일컫는 말이었으나,
1960년대에 쌀을 원료로하는 주조가 금지되면서 희석식 소주가 증류식 소주를 대체하였고,
```

이후 두 가지 종류의 술을 모두 이르 는 말이 되었다. 현재 소주는 보통 값이 싸고 대중화된 희석식 소주를 말한다.\n소주는 무색 투명하고 알코올 도수는 16.8%에서 53%까지 다양하다. 1990년대 이전에는 25% 이상이 거의 대부분이었으나 이후 저도수 주류가 유행함에 따라 도수가 낮은 소주가 점점 늘어나고 있다. 1977년에 정부주도로 소주업체 통폐합이 진행되어 1도(道) 1사(社)가 원칙이었으나 1988년 제6공화국 수립 이후 이 제도는 폐지되었다.\n2000년대 들어 한국소주는 20년 연속으로 세계에서 가장 많이 팔리는 증류주(蒸溜酒 spirts, distilled Liquor) 에 올라있다.', 'source': 'https://ko.wikipedia.org/wiki/%ED%95%9C%EA%B5%AD%EC%9D%98_%EC%86%8C%EC%A3%BC'}

코드와 출력 결과를 자세히 살펴보자.

먼저 다음 코드로 WikipediaRetriever를 초기화한다.

```
wikipedia_qa_1.py
07.  retriever = WikipediaRetriever(          ← WikipediaRetriever를 초기화
08.      lang="ko",              ← 위키백과의 언어를 지정
09.      doc_content_chars_max=500,          ← 검색할 텍스트의 최대 글자수를 지정
10.      top_k_results=2,    ← 검색 결과 중 상위 몇 건을 가져올지 지정
11.  )
```

WikipediaRetriever 클래스를 초기화할 때 8번째 줄의 인수 lang에는 대상 위키백과의 언어를 지정한다. 앞의 샘플과 마찬가지로 여기서는 한국어 위키백과를 대상으로 하므로 "ko"로 지정한다.

또한, 9번째 줄의 doc_content_chars_max에는 가져올 텍스트의 최대 문자 수를 지정한다.

10번째 줄의 top_k_results에서는 최대 몇 개의 검색 결과를 가져올지 설정할 수 있다. 여기서는 2로 설정해 2건의 검색 결과를 가져 오게 했다.

RetrievalQA를 사용할 때 주의해야 할 점은 Retrievers에서 가져온 문장의 양이 너무 많으면 언어 모델에서 처리할 수 있는 최대 문자 수를 초과할 수 있다는 점이다. 그래서 이 두 가지 매개변수를 설정해 500자 내외의 문장을 2개씩 가져오도록 설정하고, 최대 1,000자 내외가 되도록 조정하고 있다.

wikipedia_qa_1.py

```
13.  chain = RetrievalQA.from_llm(    ← RetrievalQA를 초기화
14.      llm=chat,                     ← 사용할 Chat models를 지정
15.      retriever=retriever,          ← 사용할 Retriever를 지정
16.      return_source_documents=True,     ← 정보를 가져온 원본 문서를 반환
17.  )
```

13행에서는 RetrievalQA를 초기화하고 있다. 초기화 시 llm 인수에 Chat 모델을 지정하고, retriever 인수에 앞서 생성한 retriever를 지정한다. 또한 return_source_documents 인수에 True를 지정해 질문 응답의 결과뿐만 아니라 답변을 생성하기 위해 참조한 정보원인 Document도 함께 가져올 수 있게 했다.

wikipedia_qa_1.py

```
19.  result = chain("소주란?")          ← RetrievalQA를 실행
20.
21.  source_documents = result["source_documents"]     ← 정보 출처의 문서를 가져옴
22.
23.  print(f"검색 결과: {len(source_documents)}건")     ← 검색 결과 건수를 표시
24.  for document in source_documents:
25.      print("--------------검색한 메타데이터--------------")
26.      print(document.metadata)
27.      print("--------------검색한 텍스트--------------")
28.      print(document.page_content[:100])
29.  print("--------------응답--------------")
30.  print(result["result"])          ← 응답을 표시
```

19번째 줄에서는 초기화한 RetrievalQA에 질문하고 있다. 이번 코드에서는 질문으로 '소주란?'을 입력했다. result는 사전 형식의 데이터이며, 그 안에는 source_documents와 result 라는 키가 존재한다.

RetrievalQA를 초기화할 때 return_source_documents를 True로 설정했기 때문에 source_documents에는 질문에 답하기 위해 참조한 위키백과의 문서가 저장돼 있다.

이후 검색 결과의 개수, 검색된 메타데이터, 텍스트의 첫 100자, 그리고 마지막으로 질문에 대한 답변을 표시한다. 이는 result에 있는 "result" 키에 저장돼 있다.

이상으로 위키백과를 정보원으로 하는 질의응답 시스템을 완성했으며, `RetrievalQA`를 사용하는 장점 중 하나인 준비된 Retrievers를 사용해 구현을 쉽게 할 수 있는 방법에 대해 알아봤다. 이번에는 문장을 검색하는 Retrievers에 대해 배웠지만, 특별한 기능을 가진 Retrievers도 있다. 다음으로 이러한 Retrievers에 대해 알아보겠다.

Retrievers에서 어떤 검색을 할지 제어하는 방법

`RetrievalQA`는 입력된 질문을 그대로 Retrievers에 전달해 문장을 검색한다. 앞서 예로 든 '소주란?'이라는 질문을 하면, 그 질문 그대로 `WikipediaRetriever`를 통해 문장 검색을 수행한다.

`RetrievalQA`는 내부적으로 `get_relevant_documents`를 사용하기 때문에 구체적으로 다음과 같이 '소주란?'이라는 질문을 하면 `RetrievalQA` 내부에서 검색하는 것을 알 수 있다.

```python
from langchain.retrievers import WikipediaRetriever

retriever = WikipediaRetriever(
    lang="ko",
)
documents = retriever.get_relevant_documents(
    "소주란?"
)
```

이전에 작성한 코드에서는 언어 모델에 대한 질문과 Retrievers에 입력되는 내용이 정확히 일치해 문제가 없었다. 하지만 내용에 따라서는 제대로 표시되지 않는 경우도 있다.

예제를 살펴보겠다. 다음 코드는 설명용이므로 실행할 필요는 없다.

sample_wikipedia_2.py
```python
01. from langchain.retrievers import WikipediaRetriever
02.
03. retriever = WikipediaRetriever(
04.     lang="ko",
```

```
05.     doc_content_chars_max=100,
06.     top_k_results=1
07. )
08. documents = retriever.get_relevant_documents(
09.     "나는 라면을 좋아합니다. 그런데 소주란 무엇인가요?"
10. )
11. print(documents)
```

실행하면 다음과 같은 결과가 출력된다.

[Document(page_content='주병진(朱炳進, 1958년 4월 19일 ～)은 대한민국의 방송인이자 기업인이다.\n\n\n== 주요 이력 ==\n"개그계의 신사", 리얼 버라이어티와 토크쇼 시대를 연 "예능의 황제"', metadata={'title': '주병진', 'summary': '주병진(朱炳進, 1958년 4월 19일 ～)은 대한민국의 방송인이자 기업인이다.', 'source': 'https://ko.wikipedia.org/wiki/%EC%A3 %BC%EB%B3%91%EC%A7%84'})]

여기서 소주에 관해 찾으려 했지만, 관련 기사를 검색할 수 없었다. 다음과 같이 키워드를 '소주'로 바꾸면 다음과 같이 제대로 검색할 수 있다.

```
01. from langchain.retrievers import WikipediaRetriever
02.
03. retriever = WikipediaRetriever(
04.     lang="ko",
05.     doc_content_chars_max=100,
06.     top_k_results=1
07. )
08. documents = retriever.get_relevant_documents(
09.     "소주"
10. )
11. print(documents)
```

결과는 다음과 같다.

[Document(page_content='소주(燒酒)는 곡류를 발효시켜 증류하거나, 에탄올을 물로 희석하여 만든 술이다.\n\n\n== 어원 ==\n소주라는 말은 태워서 만든 술이라는 뜻이다. 소주의 원명은 증류, 땀을 가리키

는', metadata={'title': '소주', 'summary': '소주(燒酒)는 곡류를 발효시켜 증류하거나, 에탄올을 물로 희석하여 만든 술이다.', 'source': 'https://ko.wikipedia.org/wiki/%EC%86%8C%EC%A3%BC'})]

하지만 랭체인에는 '나는 라면을 좋아합니다. 그런데 소주란 무엇인가요?'와 같은 문장에서 키워드를 추출하는 기능도 있다.

실제로 어떻게 작동하는지 살펴보겠다. re_phrase_query.py를 새로 만들고 다음 코드를 입력한다.

re_phrase_query.py

```
01. from langchain.chat_models import ChatOpenAI
02. from langchain.retrievers import WikipediaRetriever, RePhraseQueryRetriever
                                        ← RePhraseQueryRetriever를 가져오기
03. from langchain import LLMChain
04. from langchain.prompts import PromptTemplate
05.
06. retriever = WikipediaRetriever(
07.     lang="ko",
08.     doc_content_chars_max=500
09. )
10.
11. llm_chain = LLMChain(              ← LLMChain을 초기화
12.     llm = ChatOpenAI(             ← ChatOpenAI를 지정
13.         temperature=0
14.     ),
15.     prompt= PromptTemplate(       ← PromptTemplate을 지정
16.         input_variables=["question"],
17.         template="""아래 질문에서 위키백과에서 검색할 키워드를 추출해 주세요.
18. 질문: {question}
19. """
20. ))
21.
22. re_phrase_query_retriever = RePhraseQueryRetriever(   ← RePhraseQueryRetriever를 초기화
23.     llm_chain=llm_chain,          ← LLMChain을 지정
24.     retriever=retriever,          ← WikipediaRetriever를 지정
```

```
25.  )
26.
27.  documents = re_phrase_query_retriever.get_relevant_documents("나는 라면을 좋아합니다.
     그런데 소주란 무엇인가요?")
28.
29.  print(documents)
```

저장이 완료되면 다음 명령으로 코드를 실행해 본다.

```
python3 re_phrase_query.py
```

그러면 다음과 같은 결과가 출력된다.[1]

[Document(page_content='소주(燒酒)는 곡류를 발효시켜 증류하거나, 에탄올을 물로 희석하여
만든 술이다.\n\n\n== 어원 ==\n소주라는 말은 태워서 만든 술이라는 뜻이다.
~~~생략~~~
이 장치는 아래위 두 부분으로 되어있는데 큰 솥에 청주 혹은 막걸리를 넣고 위에 고리를
올린 후 위층에 물을 붓고 아궁이에 불을 땐다.', metadata={'title': '소주', 'summary':
'소주(燒酒)는 곡류를 발효시켜 증류하거나, 에탄올을 물로 희석하여 만든 술이다.', 'source':
'https://ko.wikipedia.org/wiki/%EC%86%8C%EC%A3%BC'}),
Document(page_content='한국의 소주(燒酒)는 전통적으로 쌀로 증류해왔지만, 일제 강점기와
한국 전쟁 이후 부터 경제 성장기에 걸쳐 감자, 밀, 보리, 고구마, 타피오카 등의 전분을
첨가한 소주가 만들어지게 되었다.
~~~생략~~~
2000년대 들어 한국소주는 20년 연속으로 세계에서 가장 많이 팔리는 증류주(蒸溜酒 spirts,
dist', metadata={'title': '한국의 소주', 'summary': '한국의 소주(燒酒)는 전통적으로
쌀로 증류해왔지만, 일제 강점기와 한국 전쟁 이후부터 경제 성장기에 걸쳐 감자, 밀,
보리, 고구마, 타피오카 등의 전분을 첨가한 소주가 만들어지게 되었다. 소주는 원래는
증류식 소주만을 일컫는 말이었으나, 1960년대에 쌀을 원료로하는 주조가 금지되면서 희석식
소주가 증류식 소주를 대체하였고, 이후 두 가지 종류의 술을 모두 이르는 말이 되었다.
현재 소주는 보통 값이 싸고 대중화된 희석식 소주를 말한다.\n소주는 무색 투명하고 알코올
도수는 16.8%에서 53%까지 다양하다. 1990년대 이전에는 25% 이상이 거의 대부분이었으나
이후 저도수 주류가 유행함에 따라 도수가 낮은 소주가 점점 늘어나고 있다. 1977년에
정부주도로 소주업체 통폐합이 진행되어 1도(道) 1사(社)가 원칙이었으나 1988년 제6공화국

---

[1] (옮긴이) 원하는 결과가 잘 나오지 않는다면 13번째 줄을 다음과 같이 수정해 GPT-4 모델을 사용해 보라.
temperature=0, model='gpt-4'

수립 이후 이 제도는 폐지되었다.\n2000년대 들어 한국소주는 20년 연속으로 세계에서 가장 많이 팔리는 증류주(蒸溜酒 spirts, distilled Liquor) 에 올라있다.', 'source': 'https://ko.wikipedia.org/wiki/%ED%95%9C%EA%B5%AD%EC%9D%98_%EC%86%8C%EC%A3%BC'}), Document(page_content='청송 농약 소주 음독 사건(靑松農藥燒酒飮毒事件)은 2016년 3월 9일 오후 9시 40분경, 경상북도 청송군 현동면 눌인3리 마을회관에서 주민 박 씨와 허 씨가 고독성이 있는 소주를 나눠 마신 뒤, 신음을 하여 병원으로 옮겼으나 그중 1명이 사망한 사건이다.

~~~생략~~~

사건 당일에 김치냉장고에 있던 38병의 소주가운데 범행에 사용된 소주 1병 말고는 피해가 없었던것으로 보고 소주를 마실사람만 노렸을 것으로 보고 있다.\n\n== 같이 보기 ==\n상주 농약 음료수 음독 사건\n\n== 각주 ==', metadata={'title': '청송 농약 소주 음독 사건', 'summary': '청송 농약 소주 음독 사건(靑松農藥燒酒飮毒事件)은 2016년 3월 9일 오후 9시 40분경, 경상북도 청송군 현동면 눌인3리 마을회관 에서 주민 박 씨와 허 씨가 고독성이 있는 소주를 나눠 마신 뒤, 신음을 하여 병원으로 옮겼으나 그중 1명이 사망한 사건이다.', 'source': 'https://ko.wikipedia.org/wiki/%EC%B2%AD%EC%86%A1_%EB%86%8D%EC%95%BD_%EC%86%8C%EC%A3%BC_%EC%9D%8C%EB%8F%85_%EC%82%AC%EA%B1%B4'})]

질문 문장에서 키워드만 추출해 검색할 수 있었다. 코드의 요점을 살펴보자.

re_phrase_query.py

```
03. from langchain import LLMChain
04. from langchain.prompts import PromptTemplate
05.
06. retriever = WikipediaRetriever(
07.     lang="ko",
08.     doc_content_chars_max=500
09. )
10.
11. llm_chain = LLMChain(          ← LLMChain을 초기화
12.     llm = ChatOpenAI(          ← ChatOpenAI를 지정
13.         temperature=0
14.     ),
15.     prompt= PromptTemplate(    ← PromptTemplate을 지정
16.         input_variables=["question"],
17.         template="""아래 질문에서 위키백과에서 검색할 키워드를 추출해 주세요.
18. 질문: {question}
19. """
20. ))
```

우선 11번째 줄에서 LLMChain을 초기화하고 있다. 자세한 내용은 5장에서 설명하겠지만, 여기서는 PromptTemplate과 Chat models를 통합해 프롬프트 구축, 언어 모델 호출을 한꺼번에 할 수 있게 했다.

17번째 줄에 설정된 프롬프트를 보면, 질문에서 검색 키워드를 추출하도록 지시하고 있다.

re_phrase_query.py

```
22.  re_phrase_query_retriever = RePhraseQueryRetriever(    ← RePhraseQueryRetriever를 초기화
23.      llm_chain=llm_chain,    ← LLMChain을 지정
24.      retriever=retriever,    ← WikipediaRetriever를 지정
25.  )
```

다음으로 22번째 줄에서는 RePhraseQueryRetriever 클래스를 초기화한다. RePhraseQueryRetriever는 질문을 재구성(rephrase)하기 위한 Retrievers로 llm_chain 매개변수와 retriever 매개변수를 받는다. llm_chain 매개변수에는 앞서 설명한 LLMChain 클래스의 인스턴스를 지정하고, retriever 매개변수에는 질문을 재구성한 후 검색을 수행할 Retriever를 지정한다. 이 예제에서는 WikipediaRetriever를 사용한다.

re_phrase_query.py

```
27.  documents = re_phrase_query_retriever.get_relevant_documents("나는 라면을 좋아합니다.
     그런데 소주란 무엇인가요?")
```

다음으로 27번째 줄에서 get_relevant_documents 메서드를 사용해 위키백과에서 관련 기사를 가져온다. 인수에는 검색할 키워드를 지정한다. 이 예제에서는 '저는 라면을 좋아합니다. 그런데 소주란 무엇인가요?'라는 질문을 지정한다. 이 질문에서 '소주란 무엇인가요?'라는 부분이 정말 검색하고 싶은 키워드이지만, 그 전에 '저는 라면을 좋아합니다'라는 관련 없는 문구가 있기 때문에 직접 검색하면 제대로 된 결과를 얻을 수 없다.

그래서 RePhraseQueryRetriever는 먼저 LLMChain을 사용해 질문을 재구성하고, 그 결과를 WikipediaRetriever에 전달해 검색을 수행한다. 이 예시에서는 LLMChain이 '저는 라면을 좋아합니다. 그런데 소주란 무엇인가요?'라는 질문을 재구성해 '소주'라는 키워드를 추출한다. 그러면 WikipediaRetriever가 이 키워드를 이용해 위키백과에서 관련 기사를 검색한다.

마지막으로 29번째 줄에 획득한 Document를 표시하고, 소주에 관한 문장을 획득한 것을 확인할 수 있었다.

이렇게 `RePhraseQueryRetriever`를 사용하면 사용자의 자연스러운 질문을 적절한 키워드로 변환하고, 해당 키워드로 관련 정보를 검색할 수 있다.

> **Column** 대화형 검색엔진을 사용해 랭체인에 대해 질문하기

현재 OpenAI의 GPT는 2021년 정보까지만 학습하고 있지만, 랭체인은 2022년부터 개발되고 있다. 이 때문에 챗지피티로 랭체인에 대해 질문하는 것은 불가능하다. 랭체인에 대해 언어 모델을 사용해 질문하는 방법으로는 대화형 검색 엔진을 사용하는 것이 좋다. 챗지피티 등장 이후 많은 기업이나 단체들이 대화형 검색 엔진을 개발하고 있다. 예를 들어, 마이크로소프트는 OpenAI의 GPT와 전통적인 검색 엔진을 결합한 Bing AI를 출시했으며, 랭체인에 관한 질문도 가능하다. 이번에는 더욱 편리한 퍼플렉시티 AI(Perplexity AI)도 소개한다. 이는 OpenAI와 앤트로픽(Anthropic)의 언어 모델을 사용한 대화형 검색 엔진이다.

인터넷에서 검색을 포함한 다양한 기술을 사용해 출처를 확인하면서 최신 정보에 대해 질문할 수 있다. 사용자마다 답변을 개인화하는 'AI 프로필' 기능도 구현돼 있어, 대화 중 사용자의 취향을 학습하고 개인화된 프롬프트로 대화가 가능하다.

▪ Perplexity AI

`https://www.perplexity.ai/`

실제로 RetrievalQA에 대해 질문해 보자. 퍼플렉시티 AI에 접속해서 'Ask anything' 부분에 질문을 입력한다. 그러면 다음과 같이 답변이 돌아온다.

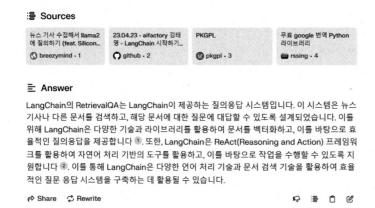

정확한 답변과 정보의 출처가 표시됐다. 'Sources' 부분에는 관련된 웹 페이지의 섬네일이 표시돼 있으며, 여기에서 각 사이트에 접근할 수도 있다. 랭체인에 관해 조사할 때는 전통적인 인터넷 검색뿐만 아니라 이러한 대화형 검색 엔진을 사용해 보는 것도 좋다.

또한, 퍼플렉시티는 iOS와 안드로이드 버전도 있다. 이러한 앱을 활용하는 것도 흥미로울 것이다.

CHAPTER 4

Memory −
과거의 대화를
장 · 단기 기억하기

언어 모델에서 대화란 무엇인가

대화에는 기억이 필
요하다

랭체인에서는 언어 모델과의 상호작용을 저장, 복원해 기억을 가진 기능을 만들 수 있다. 먼저 '언어 모델과의 대화'와 '기억'이 무엇인지 알아보자.

▌HumanMessage와 AIMessage를 번갈아 가며 대화한다

1장에서는 Chat models를 이용한 언어 모델과의 대화에 대해 배웠다. 여기서 설명한 것처럼 OpenAI와 같은 언어 모델은 API를 호출해 사용한다. 이전 대화 내용을 바탕으로 답변하게 하려면 이전 대화 기록을 모두 포함한 상태에서 API를 호출해야 한다.

구체적인 예시로 코드를 통해 다시 한번 어떤 내용인지 자세히 살펴보자.

chat_sample_1.py

```python
from langchain.chat_models import ChatOpenAI
from langchain.schema import HumanMessage

chat = ChatOpenAI(
    model="gpt-3.5-turbo",
)

result = chat(
    [
        HumanMessage(content="계란찜을 만드는 재료를 알려주세요"),
    ]
)
print(result.content)
```

위의 코드는 Chat models를 사용해 계란찜을 만드는 데 필요한 재료에 대해 질문한다.

실행하면 다음과 같이 답변이 출력된다.

계란찜을 만드는 재료는 다음과 같습니다:

- 계란: 3개
- 물: 1/2컵
- 다진 양파: 1/4컵
- 다진 당근: 1/4컵
- 다진 대파: 1/4컵
- 소금: 약간
- 후추: 약간
- 참기름: 약간 (선택 사항)

위의 재료로 계란찜을 만들 수 있습니다. 하지만 재료 비율이나 추가할 수 있는 다른 재료는 개인의 취향에 따라 다를 수 있습니다.

언어 모델을 한 번만 호출하면 된다면 이 코드로도 문제없다. 하지만 계속 대화를 이어가며 레시피를 영어로 번역하려면 다음과 같이 소스코드를 수정하고 언어 모델을 다시 호출해야 한다.

chat_sample_2.py

```
01. from langchain.chat_models import ChatOpenAI
02. from langchain.schema import (
03.     HumanMessage,
04.     AIMessage
05. )
06.
07. chat = ChatOpenAI(
08.     model="gpt-3.5-turbo",
09. )
10.
11. result = chat([
12.     HumanMessage(content="계란찜을 만드는 재료를 알려주세요"),
13.     AIMessage(          ← 이 언어 모델에 AIMessage로 응답 추가
14.         content="""계란찜을 만드는 재료는 다음과 같습니다:
15.
16. - 계란: 3개
17. - 물: 1/2컵
18. - 다진 양파: 1/4컵
```

```
19.   - 다진 당근: 1/4컵
20.   - 다진 대파: 1/4컵
21.   - 소금: 약간
22.   - 후추: 약간
23.   - 참기름: 약간 (선택 사항)
24.
25.   위의 재료로 계란찜을 만들 수 있습니다. 하지만 재료 비율이나 추가할 수 있는 다른 재료는
      개인의 취향에 따라 다를 수 있습니다."""),
26.       HumanMessage(content="위의 답변을 영어로 번역하세요")   ← 메시지를 추가해 번역시킴
27.   ])
28.   print(result.content)
```

코드를 실행하면 다음과 같은 결과가 출력되며, 영어로 번역된 것을 확인할 수 있다.

```
The ingredients for making steamed eggs are as follows:

- Eggs: 3
- Water: 1/2 cup
- Minced onion: 1/4 cup
- Minced carrot: 1/4 cup
- Minced green onion: 1/4 cup
- Salt: a pinch
- Pepper: a pinch
- Sesame oil: a drizzle (optional)

With the above ingredients, you can make steamed eggs. However, the ratios of the
ingredients or other additional ingredients may vary depending on personal preference.
```

이처럼 언어 모델이 대화 이력을 바탕으로 답변하기 위해서는 지금까지의 대화 이력을 모두 전송해야 한다.

앞 페이지의 예시에서는 수동으로 소스코드를 편집해 대화 내역을 생성하고 있지만, 이 경우 소스코드를 편집해야 하므로 애플리케이션으로 공개할 수 없다.

이때 도움이 되는 것이 Memory 모듈인데, Memory 모듈은 대화 기록을 저장하고 불러올 수 있는 기능을 제공해 기억력을 가진 시스템을 쉽게 만들 수 있게 돕는다.

- Memory 모듈의 움직임

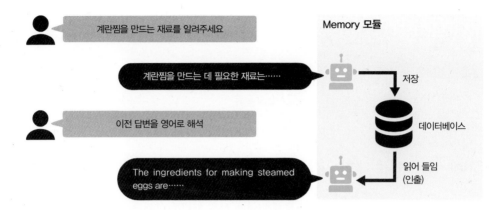

이제 Memory 모듈을 이용해 실제로 기억을 가진 챗봇을 만들어 보자.

#대화기록 #챗봇

문맥에 맞는 답변을 할 수 있는 챗봇 만들기

이전에 주고받은 대화를 이어받아 응답

이 섹션에서는 대화 기록을 저장하고 불러오는 기능을 실제로 만들어보고, 문맥에 맞는 답변을 할 수 있는 챗봇을 만들어 보자.

▎Chat models로 대화 기록을 기반으로 한 응답을 하게 하는 것

Memory 모듈에서 대화 기록을 기반으로 응답하게 하는 처리를 구체적으로 확인해 보자. 다음 코드는 설명을 위한 것이므로 직접 실행할 필요는 없다.

memory_sample.py

```
01. from langchain.memory import ConversationBufferMemory
02. memory = ConversationBufferMemory(          ← 메모리 초기화
03.     return_messages=True,
04. )
05. memory.save_context(          ← 메모리에 메시지를 추가
06.     {
07.         "input": "안녕하세요!"
08.     },
09.     {
10.         "output": "안녕하세요! 잘 지내고 계신가요? 궁금한 점이 있으면 알려 주세요.
    어떻게 도와드릴까요?"
11.     }
12. )
13. memory.save_context(          ← 메모리에 메시지를 추가
14.     {
15.         "input": "오늘 날씨가 좋네요"
16.     },
17.     {
18.         "output": "저는 AI이기 때문에 실제 날씨를 느낄 수는 없지만, 날씨가 좋은 날은
    외출이나 활동을 즐기기에 좋은 날입니다!"
```

```
19.    }
20. )
21.
22. print(
23.    memory.load_memory_variables({})    ← 메모리 내용을 확인
24. )
```

코드의 포인트를 살펴보자.

먼저 두 번째 줄에서는 `ConversationBufferMemory`를 초기화하고 있다. `ConversationBufferMemory`는 Memory 모듈에서 가장 기본적인 클래스다. 이를 통해 대화 내역을 그대로 저장하고 불러올 수 있다. 참고로 Memory 모듈에는 이 외에도 복잡한 기능이 구현된 클래스가 있으므로 다음 섹션에서 설명하겠다.

3행에서 `return_messages`를 True로 설정해 Chat models에 쉽게 전달할 수 있는 형식으로 출력할 수 있게 한다. 여기서 True로 설정하지 않으면 Chat models가 아닌 LLMs에서 사용하기 쉬운 형식으로 출력되며, Chat models에서 Memory 모듈을 사용하고 싶다면 반드시 True로 설정하는 것을 잊지 말자.

5~12번 라인에서는 `input`에 질문, `output`에 답변을 설정하고 있다. 이렇게 `memory.save_context`를 호출해 사용자의 입력, 언어 모델의 출력을 저장한다. 여기서는 설명을 위해 실제 언어 모델을 호출하지 않고, 더미 입력과 출력을 설정했다.

13~20행에서는 5번째 줄과 마찬가지로 `memory.save_context`를 실행해 입력과 출력을 추가한다.

22~24행에서는 `memory.load_memory_variables({})`를 실행해 다음과 같이 저장된 대화 기록의 내용을 표시한다.

```
{
    'history': [
        HumanMessage(content='안녕하세요!', additional_kwargs={}, example=False),
        AIMessage(content='안녕하세요! 잘 지내고 계신가요? 궁금한 점이 있으면 알려
주세요. 어떻게 도와드릴까요?', additional_kwargs={}, example=False),
        HumanMessage(content='오늘 날씨가 좋네요', additional_kwargs={}, example=False),
```

```
        AIMessage(content='저는 AI이기 때문에 실제 날씨를 느낄 수는 없지만, 날씨가 좋은
날은 외출이나 활동을 즐기기에 좋은 날입니다!', additional_kwargs={}, example=False)
    ]
}
```

내용을 살펴보면 history라는 속성 안에 2장의 섹션 2에서 설명한 'Chat models'를 호출하기 위해 그대로 사용할 수 있는 형태로 저장된 것을 알 수 있다. 이렇게 대화 히스토리를 저장하고 나중에 불러올 수 있는 것이 ConversationBufferMemory다.

이를 실제로 챗봇에 적용하면 어떻게 되는지 실제로 코드를 작성해 확인해 보자. 3장과 마찬가지로 chainlit을 사용해 이전 대화를 기억하는 애플리케이션을 만들어 보겠다. 먼저 04_memory 라는 디렉터리를 만들고 VS Code의 [파일] 메뉴 → [새 텍스트 파일]에서 chat_memory_1.py 라는 파일을 생성한 후 다음과 같이 입력한다.

chat_memory_1.py

```
01.  import chainlit as cl
02.  from langchain.chat_models import ChatOpenAI
03.  from langchain.memory import ConversationBufferMemory    ← ConversationBufferMemory 가져오기
04.  from langchain.schema import HumanMessage
05.
06.  chat = ChatOpenAI(
07.      model="gpt-3.5-turbo"
08.  )
09.
10.  memory = ConversationBufferMemory(    ← 메모리 초기화
11.      return_messages=True
12.  )
13.
14.  @cl.on_chat_start
15.  async def on_chat_start():
16.      await cl.Message(content="저는 대화의 맥락을 고려해 답변할 수 있는 채팅봇입니다.
         메시지를 입력하세요.").send()
17.
18.  @cl.on_message
19.  async def on_message(message: str):
```

```
20.     memory_message_result = memory.load_memory_variables({})        ← 메모리 내용을 로드
21.

22.     messages = memory_message_result['history']      ← 메모리 내용에서 메시지만 얻음
23.

24.     messages.append(HumanMessage(content=message))          ← 사용자의 메시지를 추가
25.

26.     result = chat(      ← Chat models를 사용해 언어 모델을 호출
27.         messages
28.     )
29.

30.     memory.save_context(         ← 메모리에 메시지를 추가
31.         {
32.             "input": message,      ← 사용자의 메시지를 input으로 저장
33.         },
34.         {
35.             "output": result.content,      ← AI의 메시지를 output으로 저장
36.         }
37.     )
38.     await cl.Message(content=result.content).send()          ← AI의 메시지를 송신
```

저장한 후 다음을 실행해 보자.

```
chainlit run chat_memory_1.py
```

그러면 브라우저가 뜨는데, '짬뽕 만드는 법 알려주세요'라고 입력한 후 전송한다. 잠시 기다리면 답변이 출력된다.

다음으로 '영어로 번역해줘'라고 입력하면 방금 전의 답변이 번역된다.

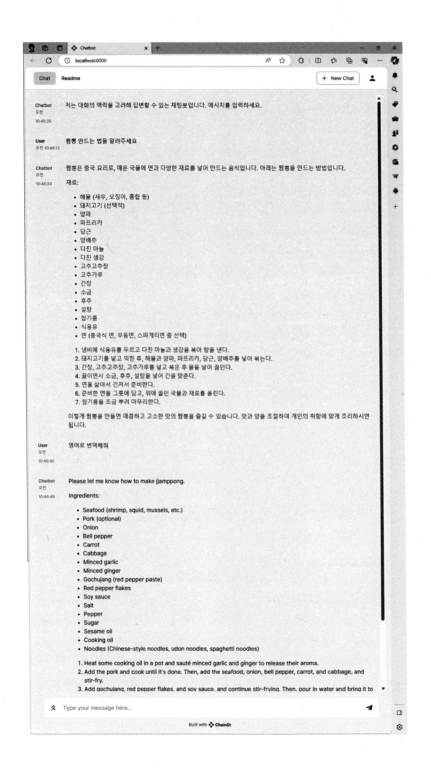

이 코드의 요점을 확인해 보겠다.

chat_memory_1.py

```
10.  memory = ConversationBufferMemory(        ← 메모리 초기화
11.      return_messages=True
12.  )
```

먼저 10~12행에서는 ConversationBufferMemory의 return_messages를 True로 설정해 초기화한다.

chat_memory_1.py

```
18.  @cl.on_message
19.  async def on_message(message: str):
20.      memory_message_result = memory.load_memory_variables({})        ← 메모리 내용을 로드
21.
22.      messages = memory_message_result['history']    ← 메모리 내용에서 메시지만 얻음
23.
24.      messages.append(HumanMessage(content=message))        ← 사용자의 메시지를 추가
25.
26.      result = chat(    ← Chat models를 사용해 언어 모델을 호출
27.          messages
28.      )
```

18번째 줄부터의 처리는 chainlit의 기능이며, 채팅이 전송될 때마다 실행된다. 자세한 내용은 'ConversationChain을 통해 알기 쉽게 처리'에서 설명한다.

20번째 줄에서는 `memory.load_memory_variables({})`를 사용해 저장된 메시지를 가져오고, 24~28행에서는 가져온 메모리의 내용에서 메시지만 가져와서 사용자의 메시지를 새롭게 추가하고 있다. 그리고 26번째 줄에서는 ChatModel을 사용해 언어 모델을 호출해 결과를 얻는다.

chat_memory_1.py

```
30.  memory.save_context(        ← 메모리에 메시지를 추가
31.      {
```

```
32.             "input": message,        ← 사용자의 메시지를 input으로 저장
33.         },
34.         {
35.             "output": result.content,      ← AI의 메시지를 output으로 저장
36.         }
37.     )
38.     await cl.Message(content=result.content).send()        ← AI의 메시지를 송신
```

그리고 30번째 줄에서는 `memory.save_context`를 사용해 사용자가 보낸 메시지와 AI의 메시지를 메모리에 추가하고, 35번째 줄에서 최종적으로 AI의 메시지를 메모리에 저장한다.

38번째 줄에서는 메시지를 채팅 화면에 표시한다.

이렇게 `ConversationBufferMemory`를 사용하면 이전 대화 내역을 저장하고 이를 기반으로 응답하는 챗봇을 만들 수 있다.

ConversationChain을 통해 알기 쉽게 처리

이전 코드는 작동을 이해하기 쉽게 설명하기 위해 Memory에 저장, Memory에서 과거 메시지 가져오기, 언어 모델 호출을 따로따로 수행했다.

랭체인은 이러한 작동을 쉽게 구현할 수 있는 `ConversationChain`을 제공하며, `Conversation Chain`을 사용하면 Memory 모듈과 Chat 모델을 쉽게 조합해 이전 섹션에서 작성한 것과 같은 기능을 효율적으로 개발할 수 있다.

이 섹션에서는 `ConversationChain`을 사용해 챗봇을 만들어 보겠다.

`chat_memory_1.py`를 `chat_memory_2.py`라는 파일명으로 복사해 다음과 같이 편집한다.

chat_memory_2.py

```
01. import chainlit as cl
02. from langchain.chains import ConversationChain        ← ConversationChain을 가져오기
03. from langchain.chat_models import ChatOpenAI
04. from langchain.memory import ConversationBufferMemory
```

```
05.
06.  chat = ChatOpenAI(
07.      model="gpt-3.5-turbo"
08.  )
09.
10.  memory = ConversationBufferMemory(
11.      return_messages=True
12.  )
13.
14.  chain = ConversationChain(        ← ConversationChain을 초기화
15.      memory=memory,
16.      llm=chat,
17.  )
18.
19.  @cl.on_chat_start
20.  async def on_chat_start():
21.      await cl.Message(content="저는 대화의 맥락을 고려해 답변할 수 있는 채팅봇입니다.
     메시지를 입력하세요.").send()
22.
23.  @cl.on_message
24.  async def on_message(message: str):
25.
26.      result = chain(        ← ConversationChain을 사용해 언어 모델을 호출
27.          message        ← 사용자 메시지를 인수로 지정
28.      )
29.
30.      await cl.Message(content=result["response"]).send()
```

다음 명령어를 실행하면 방금 전과 동일하게 작동한다.

```
chainlit run chat_memory_2.py
```

ConversationChain은 매우 유용한 클래스다. 대화의 메모리 관리와 언어 모델 호출을 하나로
통합해 보다 간단한 코드로 대화의 맥락을 고려한 답변을 하는 챗봇을 만들 수 있다.

앞선 코드에서는 메모리에서 과거 메시지를 가져오고, 새로운 메시지를 추가하고, 언어 모델에 전달하는 과정을 명시적으로 작성했다. 하지만 ConversationChain을 사용하면 이 모든 과정을 하나의 함수 호출로 처리할 수 있다.

그럼 구체적으로 어떻게 코드가 바뀌었는지 살펴보자.

chat_memory_2.py

```
14.  chain = ConversationChain(    ← ConversationChain을 초기화
15.      memory=memory,
16.      llm=chat,
17.  )
```

먼저 14번째 줄에서 ConversationChain을 초기화하고 Memory 모듈의 인스턴스와 Chat models의 인스턴스를 인수로 전달한다.

이렇게 설정하면 사용할 Memory와 Chat models를 지정할 수 있다.

chat_memory_2.py

```
23.  @cl.on_message
24.  async def on_message(message: str):
25.
26.      result = chain(      ← ConversationChain을 사용해 언어 모델을 호출
27.          message        ← 사용자 메시지를 인수로 지정
28.      )
```

다음으로 26번째 줄에서 ConversationChain의 인스턴스를 호출하고 사용자의 메시지를 인수로 전달한다.

이 하나의 함수 호출에서 다음과 같은 처리가 이뤄진다.

1. 메모리에서 과거 메시지 검색

2. 새로운 메시지 추가

3. 이 메시지를 언어 모델에 전달해 새로운 응답 얻기

4. 새로운 응답을 메모리에 저장

이 일련의 과정을 한 번의 함수 호출로 처리할 수 있는 것이 ConversationChain의 편리함이다.

chat_memory_2.py

```
30. await cl.Message(content=result["response"]).send()
```

마지막으로 30번째 줄에서는 ConversationChain에서 얻은 응답을 사용자에게 전송한다.

이렇게 ConversationChain에서 Memory 모듈을 이용한 일련의 처리를 쉽게 접목할 수 있었다.

다음은 히스토리를 데이터베이스에 저장해 영속화해 보자.

{03} 히스토리를 데이터베이스에 저장하고 영속화하기

💬 앱 종료 후에도 소통을 재개할 수 있다

이 섹션에서는 기록을 데이터베이스에 저장해 프로그램 실행이 종료돼도 기록이 삭제되지 않게 한다.

데이터베이스에 저장해 대화 기록을 영속화할 수 있다

이전 섹션에서 살펴본 바와 같이 Memory 모듈을 사용하면 메모리가 있는 애플리케이션을 만들 수 있지만, 다음과 같은 명령을 실행한 후 종료할 때까지만 기록을 유지할 수 있다.

```
chainlit run chat_memory_2.py
```

실제 언어 모델을 사용한 애플리케이션 개발에서 이 상태로 운영하는 것은 현실적이지 않다. 여기서는 이전 섹션에서 작성한 코드를 편집해 히스토리를 데이터베이스에 저장하는 기능을 추가해 영속화해 보자.

데이터베이스 준비하기

대화 내역을 저장하기 위해서는 데이터베이스가 필요하다. 이번에는 대화 기록을 저장하기 위한 데이터베이스로 레디스(Redis)를 사용한다.

레디스는 캐시, 메시징 큐, 단기 메모리 등으로 사용되는 고속 오픈소스 인메모리 데이터 저장 시스템이다. 데이터는 키-값 쌍 형태로 저장되며 다양한 데이터 유형(문자열, 목록, 집합, 해시, 비트맵, 하이퍼로그 등)을 지원한다. 레디스는 메인 메모리에 데이터를 저장하기 때문에 디스크 기반 데이터베이스보다 훨씬 빠르다. 메모리 내 데이터는 휘발성이 있지만, 레디스는 주기적으로 디스크에 데이터를 기록함으로써 데이터 영속성을 제공한다. 또한, 확장성과 고가용성을 보장하기 위한 복제 및 샤딩 기능도 갖추고 있다.

이번 예제에서는 레디스를 쉽게 이용할 수 있는 업스태시(upstash)를 사용한다. 다음 URL로
이동해 [로그인]을 클릭한다.

* upstash

https://upstash.com/

로그인 화면을 열면 [Sign Up]을 클릭해 사용자 등록을 한다. 어떤 방법을 사용하든 이후 절차
가 달라지는 것은 아니니 편한 방법으로 등록하면 된다.

등록이 완료되면 [Create Database]를 클릭해 데이터베이스를 생성한다. 데이터베이스 이름은 'langchain'을 입력하고, Type은 [Regional], Region은 [Japan]을 선택하고[1] [Create]를 클릭한다.

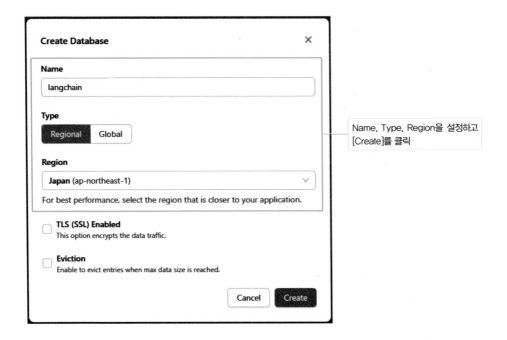

화면이 전환되면 데이터베이스 생성이 완료된 것이다. redis://로 시작하는 문자열이 비밀번호 등 접속 정보가 포함된 URL이다. 나중에 필요한 부분이므로 저장해 두는 것이 좋다.

---

1   (옮긴이) 한국 리전이 없어 원서와 동일하게 일본 리전을 선택한다.

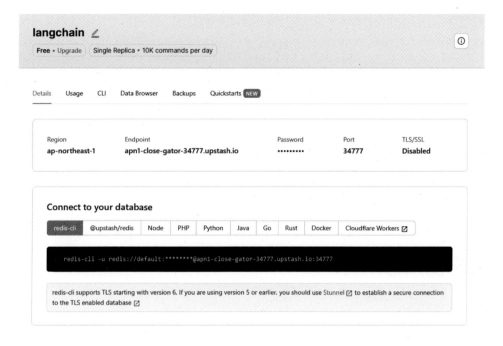

환경 변수에 레디스 정보 설정하기

API 키 설정과 마찬가지로 접속 정보를 환경 변수로 설정하는 것은 보안을 유지하면서 프로
그램에 기밀 정보를 제공하는 일반적인 방법이다. 레디스의 접속 정보를 환경 변수로 설정해
보자.

윈도우의 경우

1장에서 OPENAI_API_KEY를 설정했을 때와 마찬가지로 파워셸과 [System.Env ironment
]::SetEnvironmentVariable 명령을 사용한다.

다음 명령어를 실행한다. 여기서 'redis://test:test@example.com:6379' 부분은 획득한 레
디스에 대한 접속 정보로 대체한다.

```
[System.Environment]::SetEnvironmentVariable('REDIS_URL', 'redis://
test:test@example.com:6379', 'User')
```

위 명령어를 실행한 것만으로는 설정이 바로 반영되지 않으므로 파워셸을 종료한 후 다시 열어 다음 명령어를 실행한다. 설정한 `REDIS_URL`이 표시되면 설정이 성공한 것이다.

```
echo $env:REDIS_URL
```

macOS의 경우

다음 절차에 따라 `REDIS_URL`이라는 환경 변수를 설정해 프로그램에서 사용할 수 있다.

1. Finder를 열고 [응용 프로그램] 폴더 → [유틸리티] 폴더에서 [터미널] 앱을 연다.

2. 다음 명령을 실행해 `REDIS_URL` 환경 변수를 `.zshrc` 파일에 추가한다. `{접속 URL}` 부분은 방금 저장한 URL로 대체한다.

   ```
   echo 'export REDIS_URL="{접속 URL}"' >> ~/.zshrc
   ```

   예를 들어 'redis://test:test@example.com:6379'가 획득한 URL이라면 다음과 같이 실행한다.

   ```
   echo 'export REDIS_URL="redis://test:test@example.com:6379"'
   >> ~/.zshrc
   ```

3. `.zshrc` 파일에 변경 사항을 적용하기 위해 다음 명령을 실행해 zsh 셸을 다시 로드한다.

   ```
   source ~/.zshrc
   ```

4. 환경 변수가 올바르게 설정됐는지 확인한다. 다음 명령어를 실행해 설정한 URL이 표시되면 설정이 완료된 것이다.

   ```
   echo $REDIS_URL
   ```

   이상으로 REDIS_URL 설정이 완료됐다.

▎레디스를 사용해 대화를 영속화한다

데이터베이스가 준비됐으니 이전 섹션에서 작성한 코드를 수정해 대화 내역을 레디스에 저장할 수 있게 하자.

참고로 레디스에 대화 내역을 저장하려면 redis 패키지가 필요하다. 다음 명령어를 실행해 패
키지를 추가한다. 오류 없이 실행되면 준비가 완료된 것이다.

```
python3 -m pip install redis
```

chat_memory_2.py를 chat_memory_3.py라는 파일명으로 복사해 다음과 같이 편집한다.

chat_memory_3.py

```
01. import os          ← 환경변수를 얻기 위해 os를 가져오기
02. import chainlit as cl
03. from langchain.chains import ConversationChain
04. from langchain.chat_models import ChatOpenAI
05. from langchain.memory import RedisChatMessageHistory      ← RedisChatMessageHistory를 추가
06. from langchain.memory import ConversationBufferMemory
07.
08. chat = ChatOpenAI(
09.     model="gpt-3.5-turbo"
10. )
11.
12. history = RedisChatMessageHistory(          ← RedisChatMessageHistory를 초기화
13.     session_id="chat_history",
14.     url=os.environ.get("REDIS_URL"),        ← 환경변수에서 Redis의 URL을 가져오기
15. )
16.
17. memory = ConversationBufferMemory(
18.     return_messages=True,
19.     chat_memory=history,                    ← 채팅 기록을 지정
20. )
21.
22. chain = ConversationChain(
23.     memory=memory,
24.     llm=chat,
25. )
26.
27. @cl.on_chat_start
28. async def on_chat_start():
```

```
29.      await cl.Message(content="저는 대화의 맥락을 고려해 답변할 수 있는 채팅봇입니다.
     메시지를 입력하세요.").send()
30.
31.  @cl.on_message
32.  async def on_message(message: str):
33.
34.      result = chain(message)
35.
36.      await cl.Message(content=result["response"]).send()
```

저장이 완료되면 VS Code의 터미널에서 다음 명령을 실행한다.

```
chainlit run chat_memory_3.py
```

브라우저가 뜨면 '찐빵 만드는 법을 알려주세요'라고 입력하고, 결과가 나오면 VS Code의 터미널에서 [Ctrl](macOS의 경우 [control]) + [C] 키를 눌러서 한번 종료한다. 그런 다음 다시 위의 명령을 실행하고 이번에는 '영어로 해줘'라고 입력한다. 그러면 영어로 된 답변이 반환될 것이다.

이상으로 레디스에 히스토리가 저장되고, 애플리케이션을 종료해도 히스토리가 유지되는 것을 확인할 수 있었다.

이렇게 이전과 같은 모습이지만, 종료했다가 다시 실행해도 이전 대화 기록을 유지하게 됐다.

코드에 대해 자세히 알아보자.

chat_memory_3.py

```
01.  import os          ← 환경변수를 얻기 위해 os를 가져오기
     (생략)
05.  from langchain.memory import RedisChatMessageHistory        ← RedisChatMessageHistory를 추가
```

1번째 줄에서 os 모듈을 가져온다. 이 모듈은 파이썬의 표준 라이브러리로, OS의 기능을 이용하기 위한 모듈이다. 이번에는 OS의 환경 변수를 가져오기 위해 사용한다.

5번째 줄에서는 레디스의 대화 기록을 처리하기 위해 RedisChatMessageHistory를 가져온다.

chat_memory_3.py

```
12. history = RedisChatMessageHistory(          ← RedisChatMessageHistory를 초기화
13.     session_id="chat_history",
14.     url=os.environ.get("REDIS_URL"),        ← 환경변수에서 Redis의 URL을 가져오기
15. )
```

다음으로 12~15행에서 대화 내역을 레디스에 저장하기 위한 클래스인 RedisChatMessageHistory를 초기화한다.

각 매개변수에 대해 살펴보자.

- session_id

  임의의 문자열을 지정한다. 이는 여러 개의 대화 세션을 동시에 처리할 때 각각의 대화 내역을 구분하기 위한 ID다. 여기서는 "chat_history"라는 고정된 문자열이 들어 있기 때문에 항상 같은 대화 기록을 사용한다는 의미다.

- url

  앞서 설정한 레디스의 URL을 지정한다. os.environ.get()은 환경 변수를 가져오는 함수로, 여기서는 REDIS_URL이라는 환경 변수를 가져온다.

chat_memory_3.py

```
17. memory = ConversationBufferMemory(
18.     return_messages=True,
19.     chat_memory=history,          ← 채팅 기록을 지정
20. )
```

17~20번 행에서 ConversationBufferMemory를 초기화한다. 여기서 chat_memory로 앞서 초기화한 RedisChatMessageHistory의 인스턴스를 지정한다. 이렇게 하면 대화 내역이 레디스에 저장된다.

위와 같이 RedisChatMessageHistory와 ConversationBufferMemory를 결합해 대화 내역을 레디스에 저장하고, 애플리케이션 종료 후에도 내역을 유지할 수 있게 됐다.

여러 개의 대화 기록을 가질 수 있는 챗봇 만들기

여러 대화를 전환하고 계속할 수 있다

이 섹션에서는 session_id를 변경할 수 있게 해 여러 개의 대화 기록을 가진 애플리케이션을 만들어 본다.

▌세션 ID를 바꿔서 대화 기록 전환하기

이전 섹션의 코드에서는 session_id가 고정돼 있어 여러 사람이 이용하거나 다른 대화를 시작할 수 없었다. 이번에는 RedisChatMessageHistory를 초기화하는 session_id를 변경할 수 있도록 해 대화 기록을 전환하고, 이전에 어떤 대화를 했는지 복원할 수 있게 해보자.

chat_memory_3.py를 chat_memory_4.py라는 파일명으로 복사해 다음과 같이 편집한다.

chat_memory_4.py

```
01. import os
02. import chainlit as cl
03. from langchain.chains import ConversationChain
04. from langchain.chat_models import ChatOpenAI
05. from langchain.memory import ConversationBufferMemory, RedisChatMessageHistory
06. from langchain.schema import HumanMessage
07.
08. chat = ChatOpenAI(
09.     model="gpt-3.5-turbo"
10. )
11.
12. @cl.on_chat_start
13. async def on_chat_start():
14.     thread_id = None
15.     while not thread_id:          ← 스레드 ID가 입력될 때까지 반복
16.         res = await cl.AskUserMessage(content="저는 대화의 맥락을 고려해 답변할 수
        있는 채팅봇입니다. 스레드 ID를 입력하세요.", timeout=600).send()    ← AskUserMessage를
                                                        사용해 스레드 ID 입력
```

```python
17.         if res:
18.             thread_id = res['content']
19.
20.     history = RedisChatMessageHistory(   ← 새로 채팅이 시작될 때마다 초기화하도록 on_chat_start로 이동
21.         session_id=thread_id,   ← 스레드 ID를 세션 ID로 지정
22.         url=os.environ.get("REDIS_URL"),
23.     )
24.
25.     memory = ConversationBufferMemory(   ← 새로 채팅이 시작될 때마다 초기화하도록 on_chat_start로 이동
26.         return_messages=True,
27.         chat_memory=history,
28.     )
29.
30.     chain = ConversationChain(   ← 새로 채팅이 시작될 때마다 초기화하도록 on_chat_start로 이동
31.         memory=memory,
32.         llm=chat,
33.     )
34.
35.     memory_message_result = chain.memory.load_memory_variables({})   ← 메모리 내용 가져오기
36.
37.     messages = memory_message_result['history']
38.
39.     for message in messages:
40.         if isinstance(message, HumanMessage):   ← 사용자가 보낸 메시지인지 판단
41.             await cl.Message(   ← 사용자 메시지이면 authorUser를 지정해 송신
42.                 author="User",
43.                 content=f"{message.content}",
44.             ).send()
45.         else:
46.             await cl.Message(   ← AI의 메시지이면 ChatBot을 지정해 송신
47.                 author="ChatBot",
48.                 content=f"{message.content}",
49.             ).send()
50.     cl.user_session.set("chain", chain)   ← 기록을 세션에 저장
51.
52. @cl.on_message
53. async def on_message(message: str):
```

```
54.     chain = cl.user_session.get("chain")          ← 세션에서 기록을 가져오기
55.
56.     result = chain(message)
57.
58.     await cl.Message(content=result["response"]).send()
```

저장 후 다음 명령어로 파일을 실행해 보자.

```
chainlit run chat_memory_4.py
```

브라우저가 열리고 '스레드 ID를 입력하세요'라는 메시지가 뜨면 'cookie'를 입력해 전송해
본다.

그런 다음 '쿠키 만드는 방법을 알려주세요'라고 입력하고 전송한다.

챗봇의 메시지가 표시되면 오른쪽 상단의 [New Chat]을 클릭한다.

그러면 'Create a new chat?'이라는 메시지가 나타나는데, [Confirm]을 클릭해 새로운 채팅을 시작한다. 또한, '스레드 ID를 입력해 주세요.'라는 메시지가 표시되면 다시 'cookie'를 입력해 전송한다. 그러면 방금 전의 대화 내역이 다시 표시된다.

그럼 어떻게 작동하는지 코드를 자세히 살펴보자.

chat_memory_4.py

```
12. @cl.on_chat_start
13. async def on_chat_start():
14.     thread_id = None
15.     while not thread_id:        ← 스레드 ID가 입력될 때까지 반복
16.         res = await cl.AskUserMessage(content="저는 대화의 맥락을 고려해 답변할 수
        있는 채팅봇입니다. 스레드 ID를 입력하세요.", timeout=600).send()   ← AskUserMessage를
                                                                    사용해 스레드 ID 입력
17.         if res:
18.             thread_id = res['content']
```

13~17번째 줄에서는 신규 채팅이 시작될 때 사용자에게 스레드 ID를 묻는다. 스레드 ID는 사용자가 입력한 임의의 문자열(앞의 실행 예시에서는 'test')이며, 이를 기반으로 대화 기록을 전환한다.

16번째 줄의 cl.AskUserMessage는 사용자에게 입력을 요청하는 메시지를 생성한다. 그리고 send 메서드를 호출하면 해당 메시지가 사용자에게 전송되고 사용자의 응답을 기다린다.

chat_memory_4.py

```
20. history = RedisChatMessageHistory(   ← 새로 채팅이 시작될 때마다 초기화하도록 on_chat_start로 이동
21.         session_id=thread_id,          ← 스레드 ID를 세션 ID로 지정
22.         url=os.environ.get("REDIS_URL"),
23.     )
24.
25.     memory = ConversationBufferMemory(   ← 새로 채팅이 시작될 때마다 초기화하도록 on_chat_start로 이동
26.         return_messages=True,
27.         chat_memory=history,
28.     )
29.
```

```
30.    chain = ConversationChain(  ← 새로 채팅이 시작될 때마다 초기화하도록 on_chat_start로 이동
31.        memory=memory,
32.        llm=chat,
33.    )
```

20~33행에서는 스레드 ID를 기반으로 RedisChatMessageHistory, Conversation BufferMemory, ConversationChain을 새롭게 초기화한다. 이를 통해 새로운 스레드 ID마다 새로운 대화 히스토리를 처리할 수 있다.

chat_memory_4.py

```
35.  memory_message_result = chain.memory.load_memory_variables({})  ← 메모리 내용 가져오기
36.
37.      messages = memory_message_result['history']
38.
39.      for message in messages:
40.          if isinstance(message, HumanMessage):  ← 사용자가 보낸 메시지인지 판단
41.              await cl.Message(  ← 사용자 메시지이면 authorUser를 지정해 송신
42.                  author="User",
43.                  content=f"{message.content}",
44.              ).send()
45.          else:
46.              await cl.Message(  ← AI의 메시지이면 ChatBot을 지정해 송신
47.                  author="ChatBot",
48.                  content=f"{message.content}",
49.              ).send()
50.      cl.user_session.set("chain", chain)  ← 기록을 세션에 저장
```

35~49행에서는 새로 초기화한 ConversationChain에서 과거 대화 내역을 가져와서 사용자에게 전송한다. 이를 통해 새로운 채팅이 시작될 때 해당 스레드 ID에 해당하는 과거 대화 내역을 표시할 수 있다.

40번째 줄에서는 각 메시지가 HumanMessage인지 아닌지를 판단해 사용자의 메시지와 언어 모델의 응답을 전환하고 있다.

그리고 50번째 줄에서 `cl.user_session.set("chain", chain)`을 사용해 초기화한 ConversationChain의 인스턴스를 사용자 세션에 저장한다. 이렇게 하면 동일한 사용자 세션 내의 on_message 함수에서도 동일한 ConversationChain의 인스턴스에 접근할 수 있다.

chat_memory_4.py

```
52.  @cl.on_message
53.  async def on_message(message: str):
54.      chain = cl.user_session.get("chain")    ← 세션에서 기록을 가져오기
55.
56.      result = chain(message)
57.
58.      await cl.Message(content=result["response"]).send()
```

53번째 줄에서 사용자 세션에서 ConversationChain의 인스턴스를 가져와서 메시지를 처리한다.

위와 같이 스레드 ID를 기반으로 ConversationChain을 초기화하고, 이를 사용자 세션에 저장함으로써 스레드 ID별로 대화 기록을 전환할 수 있다. 그리고 사용자가 새롭게 채팅을 시작할 때마다 해당 스레드 ID에 해당하는 과거 대화 내역을 표시하는 기능을 구현할 수 있었다.

{05} 매우 긴 대화 기록에 대응한다

오래된 대화를 삭제하
거나 토큰 수 제한하기

지금까지 대화 기록을 영속화하고, 과거 대화 기록을 불러올 수 있게 됐다. 하지만 현재로서는 대화가 매우 길어졌을 때를 대비하지 못하고 있다. 이러한 문제를 해결하기 위한 기능도 준비돼 있다.

대화 기록이 너무 길어지면 언어 모델을 호출할 수 없다

언어 모델은 컨텍스트 길이의 한계를 넘어서는 처리를 허용하지 않는다. 다음 예시처럼 대화를 계속하면 컨텍스트 길이의 한계를 초과하게 된다.

```python
from langchain.chat_models import ChatOpenAI
from langchain.schema import (
    HumanMessage
)
chat = ChatOpenAI()

result = chat([
    HumanMessage(content="계란찜 만드는 법을 알려줘"),
    AIMessage(content="{ChatModel의 답변인 계란찜 만드는 법}"),
    HumanMessage(content="만두 빚는 법을 알려줘"),
    AIMessage(content="{ChatModel의 답변인 만두 빚는 법}"),
    HumanMessage(content="볶음밥 만드는 법을 알려줘"),
])

print(result.content)
```

이렇게 대화를 이어가다가 컨텍스트 길이의 한계를 넘으면 다음과 같은 오류가 발생한다.

```
openai.error.InvalidRequestError: This model's maximum context length is 4097 tokens.
However, your message resulted in ~~~ tokens. Please reduce the length of the messages.
```

실제 애플리케이션 개발에서 일정 수준 이상의 대화를 지속할 수 없다는 전제로는 만들고자 하는 기능을 구현할 수 없는 경우가 있다.

메모리 모듈은 이 문제를 해결하기 위해 여러 가지 기능을 제공하는데, 하나씩 살펴보자.

오래된 대화 삭제하기

대화 기록이 너무 길어 컨텍스트 길이 제한을 초과하는 문제에 대한 대응책으로 일정 기간 이상 오래된 대화 기록은 삭제하는 것을 생각해 볼 수 있다. 이러한 기능을 쉽게 만들 수 있는 모듈이 ConversationBufferWindowMemory다.

'ConversationChain을 통해 알기 쉽게 처리'의 코드(chat_memory_2.py)를 바탕으로 ConversationBufferWindowMemory를 이용한 챗봇을 실제로 만들어 보자.

[새 텍스트 파일]에서 custom_memory_1.py라는 파일을 만들고 다음과 같이 입력한다.

custom_memory_1.py

```
01.  import chainlit as cl
02.  from langchain.chains import ConversationChain
03.  from langchain.chat_models import ChatOpenAI
04.  from langchain.memory import ConversationBufferWindowMemory
                          ←ConversationBufferWindowMemory 가져오기
05.
06.  chat = ChatOpenAI(
07.      model="gpt-3.5-turbo"
08.  )
09.
10.  memory = ConversationBufferWindowMemory(
11.      return_messages=True,
12.      k=3          ←3번 주고받은 메시지를 기억
13.  )
14.
15.  chain = ConversationChain(
16.      memory=memory,
17.      llm=chat,
```

```
18.  )
19.
20.  @cl.on_chat_start
21.  async def on_chat_start():
22.      await cl.Message(content="저는 대화의 맥락을 고려해 답변할 수 있는 채팅봇입니다.
         메시지를 입력하세요.").send()
23.
24.  @cl.on_message
25.  async def on_message(message: str):
26.      messages = chain.memory.load_memory_variables({})["history"]    ←저장된 메시지 가져오기
27.
28.      print(f"저장된 메시지 개수: {len(messages)}"                    ←저장된 메시지 개수를 표시
29.          )
30.
31.      for saved_message in messages:            ←저장된 메시지를 1개씩 불러옴
32.          print(saved_message.content          ←저장된 메시지를 표시
33.              )
34.
35.      result = chain(message)
36.
37.      await cl.Message(content=result["response"]).send()
```

코드의 요점을 살펴보자.

먼저 4번째 줄에서 ConversationBufferWindowMemory를 가져와서 10번째 줄에서 초기화한다.

12번째 줄에서는 k=3으로 설정돼 있다. 이는 3번 왕복까지 메시지를 유지한다는 설정이다. 즉, 4번째에는 첫 번째 메시지를 삭제하게 된다. 실제 애플리케이션 개발에서 3번 왕복까지만 저장하는 것은 큰 의미가 없지만, 토큰 수 제한에 대응하는 한 가지 방법이 될 수 있다.

대화를 요약해 토큰 수 제한에 대응한다

앞선 예시처럼 과거의 대화 기록은 삭제되기 때문에 대화를 계속하다 보면 첫 번째 대화의 내용을 잊어버리게 된다. 이 문제에 대한 대책 중 하나로 사용할 수 있는 것이 ConversationSummaryMemory다. 이 기능을 사용하면 대화별로 내용을 요약함으로써 토큰 수 제한 문제를 해결할 수 있다.

실제로 애플리케이션을 만들어서 어떤 움직임이 일어나는지 살펴보자.

custom_memory_1.py를 custom_memory_2.py라는 파일명으로 복사해 다음과 같이 편집한다.

custom_memory_2.py

```
01. import chainlit as cl
02. from langchain.chains import ConversationChain
03. from langchain.chat_models import ChatOpenAI
04. from langchain.memory import ConversationSummaryMemory
05. from langchain.memory import ConversationSummaryMemory
06. from langchain.chains import ConversationChain
07. from langchain.memory import ConversationSummaryMemory
08. from langchain.chains import ConversationChain
09.
10. chat = ChatOpenAI(
11.     model="gpt-3.5-turbo"
12. )
13.
14. memory = ConversationSummaryMemory(          ← ConversationSummaryMemory를 사용하도록 변경
15.     llm=chat,                                ← Chat models를 지정
16.     return_messages=True,
17. )
18.
19. chain = ConversationChain(
20.     memory=memory,
21.     llm=chat,
22. )
23.
24. @cl.on_chat_start
25. async def on_chat_start():
26.     await cl.Message(content="저는 대화의 맥락을 고려해 답변할 수 있는 채팅봇입니다.
    메시지를 입력하세요.").send()
27.
28. @cl.on_message
29. async def on_message(message: str):
30.     messages = chain.memory.load_memory_variables({})["history"]   ←저장된 메시지 가져오기
31.
32.     print(f"저장된 메시지 개수: {len(messages)}"          ←저장된 메시지 개수를 표시
```

```
33.              )
34.
35.      for saved_message in messages:        ←저장된 메시지를 1개씩 불러옴
36.          print(saved_message.content        ←저장된 메시지를 표시
37.                  )
38.
39.      result = chain(message)
40.
41.      await cl.Message(content=result["response"]).send()
42.
```

편집이 완료되면 다음 명령을 실행한다.

chainlit run custom_memory_2.py

채팅창이 열리면 '볶음밥 만드는 법을 알려주세요'라고 전송한다. 결과가 나오면 이번에는 '만두 빚는 법을 알려주세요'라고 보내보자.

그러면 VS Code의 터미널에 다음과 같이 표시될 것이다.

저장된 메시지 개수: 1
The human asks the AI to teach them how to make fried rice. The AI provides a step-by-step guide on how to make fried rice, including the ingredients needed and the cooking process. The AI also mentions that the amounts of ingredients and seasonings can be adjusted according to personal preference. The AI asks if the human has any further questions.

저장된 메시지 수와 이전 채팅을 요약한 문장이 표시됐다. 앞의 예와 달리, 저장된 메시지 수는 요약돼 있기 때문에 1건만 표시된다. 번역하면 다음과 같이 앞서의 대화가 요약돼 있음을 알 수 있다.

이렇게 요약하면 문맥의 길이에 영향을 덜 받는 상태로 대화를 이어갈 수 있다.

사람이 AI에게 볶음밥 만드는 법을 가르쳐 달라고 요청합니다. AI는 필요한 재료와 조리 과정 등 볶음밥을 만드는 방법을 단계별로 안내합니다. 또한 재료와 양념의 양은 개인 취향에 따라 조절할 수 있다고 알려줍니다. AI는 사람이 더 궁금한 점이 있는지 묻습니다.

CHAPTER 5

Chains –
여러 프로세스를 통합

다중 처리를 정리할 수 있다

💬 코딩의 효율성 향상
과 직결

Chains는 여러 모듈의 연동을 쉽게 만들어주거나 Chains 자체를 호출할 수 있다.

Chains는 일련의 과정을 정리할 수 있다

Chains는 일련의 처리를 하나의 묶음으로 처리할 수 있는 모듈이다. Chains에는 매우 많은 기능이 존재하지만, 여기서는 3가지로 나눠 소개하고자 한다.

① 여러 모듈의 조합을 쉽게 할 수 있다

랭체인을 사용해 실제로 애플리케이션을 만들 때 하나의 모듈만으로 원하는 기능을 구현할 수 있는 것은 아니다. 이럴 때 도움이 되는 것이 Chains 모듈의 LLMChain과 ConversationChain 이다.

예를 들어, 2장의 Model I/O 모듈에서는 PromptTemplate을 이용한 프롬프트 구축과 Chat models를 이용한 언어 모델 호출을 따로따로 진행했지만, LLMChain을 사용하면 한 번에 처리할 수 있다. LLMChain은 여러 모듈의 조합을 쉽게 할 수 있는 Chains 모듈 중 하나다.

또한, ConversationChain에서는 4장에서 소개한 Memory 모듈과 Lang Chain의 다른 모듈과 쉽게 조합할 수 있다. 예를 들어 2장에서 소개한 Model I/O의 Chat models와 결합하면 매우 적은 양의 코드로 대화 형식의 상호작용을 전제로 한 응답을 언어 모델로 만들 수 있다.

Chains 모듈을 사용하지 않고도 이러한 기능을 만들 수 있지만, Chains를 사용하면 더 쉽게 정리할 수 있다.

이렇게 여러 개의 모듈을 쉽게 조합해 하나로 묶을 수 있는 것이 Chains 모듈의 특징이다.

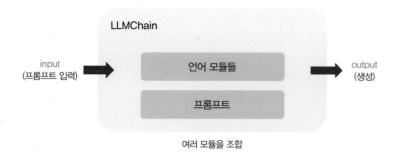

여러 모듈을 조합

② 특정 용도에 특화된 체인

언어 모델의 호출만으로는 대응하기 어려운 기능이나 복잡한 처리를 랭체인 측에서 미리 내장해 특정 용도에 특화된 Chains도 존재한다.

예를 들어, LLMRequestsChain이라는 Chains는 주어진 URL에 접속해 얻은 결과와 질문을 조합해 만든 프롬프트로 언어 모델을 호출할 수 있다.

이처럼 언어 모델에 '주어진 URL에 접속해 정보를 얻는' 기능을 추가해 '특정 웹사이트의 정보를 바탕으로 답변을 생성하는' 용도에 특화된 기능을 만들 수 있는 것도 Chains 모듈의 특징이다.

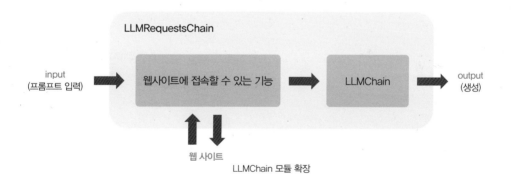

LLMChain 모듈 확장

③ 체인 자체를 정리한다

①, ②에서 설명한 것처럼 하나의 Chains는 '기능 덩어리'라고 할 수 있다. 이 기능 덩어리를 여러 개 준비해 순서대로 실행하거나 필요에 따라 호출할 수 있도록 Chains 자체를 묶을 수 있다.

Chains 자체를 묶음으로써, 예를 들어 **LLMRequestsChain**으로 웹페이지에서 얻은 정보를 요약하고, 그 정보를 다른 Chains로 처리하는 등의 작업이 가능해진다. 이렇게 창의력을 발휘하면 하나의 Chains만으로는 구현하기 어려운 기능을 만들 수 있다.

Chains 모듈은 위와 같이 할 수 있는 일의 폭이 매우 넓을 뿐만 아니라 사용 목적도 다양하다.

하나씩 코드를 작성하면서 구체적으로 어떤 것들이 가능한지 살펴보겠다.

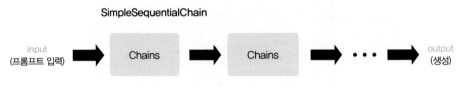

여러 개의 Chains을 순서대로 실행

{section 02} 여러 모듈을 쉽게 조합할 수 있는 Chains

💬 코드를 짧게 작성할 수 있다

이 유형의 Chains는 랭체인의 다른 모듈을 결합해 하나의 기능을 만든다. 사용하지 않고도 통합할 수 있지만, Chains를 사용하면 더 적은 코드로 기능을 구현할 수 있다.

▌LLMChain을 사용해 여러 모듈을 통합하는 방법

먼저 기본이 되는 LLMChain에 대해 설명하겠다. LLMChain은 이전 섹션에서 설명한 바와 같이 '① 여러 모듈을 쉽게 조합할 수 있는' Chain이다. 주로 2장의 Model I/O에서 소개한 PromptTemplate 모듈, Chat models 모듈을 조합하는 데 사용한다.

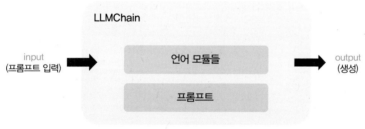

여러 모듈을 조합

2장에서는 LLMChain을 사용하지 않고 기능을 만들었는데, 여기서는 LLMChain을 사용해 비슷한 기능을 만들어 보겠다.

먼저 **05_chain**이라는 디렉터리를 생성하고 VS Code의 [파일] → [새 텍스트 파일]에서 **llmchain.py**라는 파일을 생성하고 다음과 같이 입력한다.

llmchain.py

```
01.  from langchain import LLMChain, PromptTemplate    ← LLMChain 가져오기
02.  from langchain.chat_models import ChatOpenAI
03.
04.  chat = ChatOpenAI(
```

```
05.      model="gpt-3.5-turbo",
06. )
07.
08. prompt = PromptTemplate(
09.      template="{product}는 어느 회사에서 개발한 제품인가요?",
10.      input_variables=[
11.          "product"
12.      ]
13. )
14.
15. chain = LLMChain(          ← LLMChain을 생성
16.      llm=chat,
17.      prompt=prompt,
18. )
19.
20. result = chain.predict(product="iPhone")          ← LLMChain을 실행
21.
22. print(result)
```

저장 후 다음 명령어를 실행한다.

```
python3 llmchain.py
```

그러면 다음과 같이 2장의 'Language models와 PromptTemplate의 결합'에서와 비슷한 결과가 나오는 것을 볼 수 있다.

iPhone은 애플 사에서 개발한 제품입니다.

그럼 구체적으로 코드의 어떤 부분이 달라졌는지 살펴보겠다.

llmchain.py

```
01. from langchain import LLMChain, PromptTemplate          ← LLMChain 가져오기
```

1번째 줄에는 LLMChain 가져오기가 추가돼 있다.

llmchain.py

```
15.  chain = LLMChain(        ← LLMChain을 생성
16.      llm=chat,
17.      prompt=prompt,
18.  )
19.
20.  result = chain.predict(product="iPhone")        ← LLMChain을 실행
```

15~18번 줄에서는 매개변수로 Chat models와 `PromptTemplate`을 설정하고, `LLMChain`을 초기화해 20번째 줄에서 실행한다.

'Language models와 PromptTemplate의 결합'의 코드와 비교해 보겠다.

prompt_and_language_model.py(다시 실음)

```
16.  result = chat(        ← 실행
17.      [
18.          HumanMessage(content=prompt.format(product="iPhone")),
19.      ]
20.  )
```

prompt_and_language_model.py에서는 `PromptTemplate`을 이용한 프롬프트 생성, 언어 모델 호출을 따로 진행했다. 하지만 `LLMChain`을 사용하면 `predict` 메서드만으로 프롬프트 생성, 언어 모델 호출을 쉽게 할 수 있다.

이것만으로는 `LLMChain`을 사용하는 데 별다른 이점을 느끼지 못할 수도 있지만, 나중에 설명할 다른 Chain과 함께 사용하면 그 진가를 발휘할 수 있다. 또한, 다른 모듈의 편리한 기능을 사용할 때 `LLMChain`에 내장돼 있어야 하는 경우가 있으므로 사용법을 숙지해두자.

ConversationChain으로 기억을 가진 애플리케이션 개발이 쉬워진다

4장에서 메모리를 가진 애플리케이션을 개발했는데, 사실 그때 사용했던 것도 여러 모듈을 쉽게 조합할 수 있는 Chains다.

이미 소개한 바 있어 자세한 설명은 생략하지만, ConversationChain은 Memory 모듈과 다른 모듈을 쉽게 조합할 수 있는 모듈이다.

conversation_chain.py

```
01. from langchain.chains import ConversationChain
02. from langchain.chat_models import ChatOpenAI
03. from langchain.memory import ConversationBufferMemory
04.
05. chat = ChatOpenAI()
06.
07. memory = ConversationBufferMemory(return_messages=True)
08.
09. chain = ConversationChain(          ← ConversationChain을 초기화
10.     memory=memory,                  ← Memory 모듈을 지정
11.     llm=chat,                       ← 언어 모델을 지정
12. )
```

이처럼 랭체인에는 여러 모듈을 쉽게 조합할 수 있는 Chains가 준비돼 있다.

또한, 이런 종류의 Chains는 특히 암묵적으로 처리해 블랙박스가 되기 쉽다. 따라서 먼저 각 모듈이 어떤 처리를 하는지 제대로 이해하고 읽어보는 것을 추천한다.

Chains에서 어떤 처리가 이뤄지고 있는지 자세히 보기

Chains는 클래스 이름이 '~~Chain'으로 돼 있다. 이들 모듈은 다음과 같이 verbose=True를 추가해 어떤 처리가 이뤄지고 있는지 터미널에 표시할 수 있다.

```
chain = LLMChain(
    llm=chat,
    prompt=prompt,
    verbose=True          ← 추가
)
```

LLMChain에서 verbose를 True로 설정하면 다음과 같이 터미널에 출력된다.

```
> Entering new LLMChain chain...
Prompt after formatting:
iPhone는 어느 회사에서 개발한 제품인가요?

> Finished chain.
iPhone은 애플(Apple) 회사에서 개발한 제품입니다.
```

마지막 print 문에 의한 출력 외에는 **verbose**를 True로 설정해 표시하고 있다.

출력된 로그를 확인해 보면 다음과 같은 처리가 이뤄지고 있음을 알 수 있다.

1. LLMChain이 실행을 시작

2. 'iPhone은 어느 회사에서 개발한 제품인가요?'라는 프롬프트가 생성

3. LLMChain의 실행이 완료

Chains 중 LLMChain은 내부에서 이뤄지는 처리가 적어 이해하기 쉽지만, 프롬프트 생성 및 언어 모델 호출을 여러 번 반복하는 Chains도 존재한다. 이러한 Chains를 사용해 개발할 경우 **verbose**를 True로 설정해 내부에서 일어나는 처리를 추적할 수 있게 해야 한다.

#기능 특화 #Chains

{ section **[03]** } 특정 기능에 특화된
Chains

💬
웹에서 정보 취득도
간편

특정 기능을 조합해 특정 용도에 특화된 형태의 Chains도 존재한다.

▌특정 URL에 접속해 정보를 얻게 하는 방법

3장의 Retrieval 모듈에서 살펴본 바와 같이, 언어 모델은 학습된 지식 외의 정보를 기반으로 한 답변을 할 수 없다. 그래서 Chains 모듈에는 특정 URL에서 정보를 가져와 그 정보를 바탕으로 답변을 생성할 수 있는 LLMRequestsChain이 준비돼 있다.

LLMRequestsChain은 LLMChain 모듈을 확장해 특정 URL에서 정보를 가져와 프롬프트를 구축하고 언어 모델 호출까지 수행하는 기능이다.

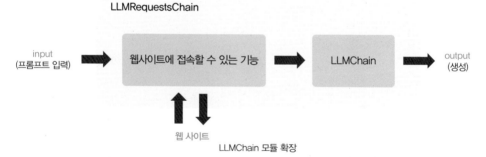

실제로 코드를 작성하고 어떻게 작동하는지 살펴보자.

다음은 일본 기상청이 공개하는 특정 날씨 정보를 얻을 수 있는 URL이다. 이것은 도쿄의 정보지만, 마지막의 130000.json을 변경하면 다른 지역의 정보를 얻을 수 있다.[1]

- https://www.jma.go.jp/bosai/forecast/data/overview_forecast/130000.json

---

1 (옮긴이) 일본 기상 정보는 회원 가입 없이 쉽게 얻을 수 있어 이번 장의 실습에 적합하므로 원서의 예제를 그대로 두고, 한국의 기상 정보를 얻는 방법을 추가로 설명했다.

이 URL을 브라우저에서 열면 JSON 형식으로 전달되는데 이 형식도 특별한 처리 없이 정보를 가져올 수 있다. 단, URL에서 얻을 수 있는 정보는 매일 업데이트되기 때문에 결과는 다를 수 있다.

{"publishingOffice":"기상청","reportDatetime":"2023-12-06T10:39:00+09:00","targetArea":"도쿄도","headlineText":"","text":" 일본 동쪽에는 전선을 동반한 저기압이 북동쪽으로 이동하고 있습니다. 한편, 대륙 고기압이 혼슈 근처로 확장하고 있습니다. \n\n 도쿄 지역은 현재 맑은 날씨를 보이고 있습니다. \n\n 6일은 저기압이 일본 동쪽으로 이동하면서 점차 고기압에 덮일 것으로 예상되나, 습한 공기의 영향을 받을 것으로 보입니다. 따라서 맑은 날씨를 보이다가 밤에는 흐려지겠습니다. \n\n 7일은 고기압의 가장자리에 들겠으나, 찬 공기와 기압골의 영향을 받을 것으로 보입니다. 이 때문에 맑다가 새벽까지 흐려질 것으로 보입니다. 이즈 제도에서는 비가 내리고 천둥 번개가 치는 곳이 있을 것으로 보입니다. \n\n【 관동고신지방 】\n 관동고신지방은 맑거나 흐린 가운데 비가 내리는 곳이 있겠습니다. \n\n 6일은 저기압이 일본 동쪽으로 이동하면서 점차 고기압의 영향을 받겠으나, 습한 공기의 영향을 받을 것으로 보입니다. 이 때문에 맑거나 흐린 가운데 낮까지 비가 내리는 곳이 있겠습니다. \n\n 7일은 고기압의 가장자리에 들겠으나, 찬 공기와 기압골의 영향을 받을 것으로 보입니다. 이 때문에 맑거나 흐린 가운데 나가노현에서는 비나 눈이 내리는 곳이 있겠습니다. 이즈 제도에서는 낮까지 비나 뇌우가 내릴 것으로 보입니다. \n\n 관동지방과 이즈 제도의 해상에서는 파도가 높아지고, 6일에는 높은 파도가, 7일에는 풍랑이 예상됩니다. 선박은 높은 파도에 주의하기 바랍니다."}[2]

`Tip` **공공데이터포털 기상청 단기예보 오픈 API**

대한민국 공공데이터포털의 기상청 단기예보 오픈 API를 사용해 날씨 정보를 얻을 수 있다. 공공데이터포털에 회원 가입 후, 다음 주소의 안내를 참고해 API 활용 신청을 하면 API를 이용할 수 있다.

- https://www.data.go.kr/data/15084084/openapi.do

'기상개황조회' 결과를 JSON 형식으로 받아오기 위한 URL은 다음과 같다.

```
http://apis.data.go.kr/1360000/VilageFcstMsgService/
getWthrSituation?ServiceKey=<서비스 키>&pageNo=1&numOfRows=10&dataType=JS
ON&stnId=108
```

---

2 (옮긴이) 일본어 응답을 번역했다.

조회 결과는 다음과 같다.

```
{"response":{"header":{"resultCode":"00","resultMsg":"NORMAL_SERVICE"},"body":{"
dataType":"JSON","items":{"item":[{"stnId":"108","tmFc":202312061100,"wfSv1":"□
(종합) 오늘 오후~밤 전국 대부분 지역 한때 비, 천둥.번개 유의, 도로 결빙 유의, 당분간
포근           \n ○ (오늘) 전국 차차 흐려짐, \n              오후(12~18시)부터
밤(18~24시) 사이 중부지방(강원동해안 제외)과 전라권, 경북권내륙, 경남서부,
제주도 한때 비(높은 산지 비 또는 눈),\n              늦은 오후(15~18시)부터
밤(18~24시) 사이 강원동해안과 경북동해안, 부산.울산.경남동부 0.1mm 미만 빗방울
곳\n ○ (내일) 전국 대체로 맑겠으나, 강원도 오후부터 구름많아짐\n ○ (모레) 전국
대체로 맑겠으나, 수도권과 강원도 가끔 구름많음\n\n* 예상 강수량(6일)\n- (수도권)
서울.인천.경기: 5mm 내외/ 서해5도: 5mm 미만\n- (강원도) 강원내륙.산지: 5mm 내외\n-
(충청권) 대전.세종.충남, 충북: 5mm 내외\n- (전라권) 광주.전남, 전북: 5mm 미만\n-
(경상권) 경북북부내륙: 5mm 미만/ 대구.경북남부내륙, 경남서부, 울릉도.독도: 1mm
내외\n- (제주도) 제주도: 5mm 미만\n\n* 예상 적설(6일)\n- (강원도) 강원산지: 1cm
미만","wn":"※ 특보 및 예비특보 발표현황은 아래의 사이트를 참고하시기 바랍니다.\n-
기상청 날씨누리(www.weather.go.kr)\n- 방재기상정보시스템(afso.kma.go.kr)\n※
특정관리해역 특보현황(afso.kma.go.kr/m/wrnSpec.jsp)","wr":"○ 없음"}]},"pageNo":1,"nu
mOfRows":10,"totalCount":1}}}
```

환경 변수에 API 키를 저장하는 방법은 6장을 참조한다.

이제 위의 URL에서 가져온 정보를 바탕으로 응답할 수 있는 애플리케이션을 만들어 보자. LLMRequestsChain을 사용하기 위해서는 bs4라는 파이썬 패키지가 필요하다. 다음 명령어를 실행해 설치한다.

```
python3 -m pip install bs4
```

request_chain.py

```python
01. from langchain.chains import LLMChain, LLMRequestsChain
02. from langchain.chat_models import ChatOpenAI
03. from langchain.prompts import PromptTemplate
04.
05. chat = ChatOpenAI()
06.
```

```
07.   prompt = PromptTemplate(          ← PromptTemplate을 초기화
08.       input_variables=["query",
09.                        "requests_result"],
10.       template="""아래 문장을 바탕으로 질문에 답해 주세요.
11.   문장: {requests_result}
12.   질문: {query}""",
13.   )
14.
15.   llm_chain = LLMChain(
16.       llm=chat,
17.       prompt=prompt,
18.       verbose=True,
19.   )
20.
21.   chain = LLMRequestsChain(          ← LLMRequestsChain을 초기화
22.       llm_chain=llm_chain,           ← llm_chain에 LLMChain을 지정
23.   )
24.
25.   print(chain({
26.       "query": "도쿄의 날씨를 알려주세요",
27.       "url": "https://www.jma.go.jp/bosai/forecast/data/overview_forecast/130000.json",
28.   }))
```

입력이 완료되면 다음 명령어로 실행해 본다.

```
python3 request_chain.py
```

도쿄의 날씨 정보에 대해 URL을 통해 정보를 얻고 답변할 수 있었다. 앞서 말한 기상청 URL
은 수시로 업데이트되므로 실행하는 날짜에 따라 최신 정보를 얻을 수 있다. 그럼 자세히 살펴
보겠다.

request_chain.py

```
07.   prompt = PromptTemplate(          ← PromptTemplate을 초기화
08.       input_variables=["query",
09.                        "requests_result"],
10.       template="""아래 문장을 바탕으로 질문에 답해 주세요.
```

```
11.  문장: {requests_result}
12.  질문: {query}""",
13.  )
14.
15.  llm_chain = LLMChain(
16.      llm=chat,
17.      prompt=prompt,
18.      verbose=True,
19.  )
20.
21.  chain = LLMRequestsChain(          ← LLMRequestsChain을 초기화
22.      llm_chain=llm_chain,           ← llm_chain에 LLMChain을 지정
23.  )
24.
25.  print(chain({
26.      "query": "도쿄의 날씨를 알려주세요",
27.      "url": "https://www.jma.go.jp/bosai/forecast/data/overview_forecast/130000.json",
28.  }))
```

7~13행에서는 requests_result, query가 필요한 PromptTemplate을 생성한다. requests_result에는 후처리로 URL에서 가져온 텍스트가 입력되고 query에는 질문이 입력된다.

15~19행에서는 LLMRequestsChain에서 사용할 LLMChain을 초기화한다. 21~23행에서 LLMRequestsChain을 llm_chain을 사용해 초기화한다. 여기까지가 LLMRequestsChain을 사용하기 위한 준비 과정이며, 25~28행에서는 생성한 LLMRequestsChain을 실행했다. query에는 질문 문장을, url에는 질의에 응답하고자 하는 URL을 설정한다.

LLMRequestsChain은 이렇게 주어진 URL에서 정보를 가져와 Prompt Template을 이용한 프롬프트 구축, 언어 모델 호출까지 일괄적으로 수행할 수 있다.

여러 Chains를 하나로 묶는 Chains

Chains 자체 정리하기

간단하게 정리하고
순서대로 실행

Chains 자체를 묶음으로써 하나의 Chains에서는 어려운 처리도 쉽게 구현할 수 있다.
어떤 것들이 가능한지 살펴보자.

Chains 자체를 순서대로 실행하는 SimpleSequentialChain

언어 모델은 한 번의 호출로 여러 작업을 실행시키려고 하면 결과가 안정적이지 못하거나 품질
이 떨어질 수 있다.

이럴 때는 Chains 모듈의 SimpleSequentialChain 모듈을 사용해 작업을 분할해 순서대로
실행시켜 보자.

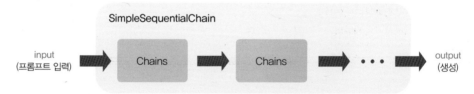

여러 개의 Chains을 순서대로 실행

실제로 코드를 작성하고 작동을 확인해 보자.

VS Code의 [파일] 메뉴 → [새 텍스트 파일]에서 sequential_chain.py라는 파일을 만들고 다
음과 같이 입력한다.

sequential_chain.py

```
01. from langchain.chains import LLMChain, SimpleSequentialChain
02. from langchain.chat_models import ChatOpenAI
03. from langchain.prompts import PromptTemplate
04.
05. chat = ChatOpenAI(model="gpt-3.5-turbo")
```

```
06.
07.  write_article_chain = LLMChain(          ← 기사를 쓰는 LLMChain 만들기
08.      llm=chat,
09.      prompt=PromptTemplate(
10.          template="{input}에 관한 기사를 써주세요.",
11.          input_variables=["input"],
12.      ),
13.  )
14.
15.  translate_chain = LLMChain(              ← 번역하는 LLMChain을 생성
16.      llm=chat,
17.      prompt=PromptTemplate(
18.          template="다음 문장을 영어로 번역해 주세요.\n{input}",
19.          input_variables=["input"],
20.      ),
21.  )
22.
23.  sequential_chain = SimpleSequentialChain(     ← SimpleSequentialChain을 생성
24.      chains=[          ← 실행할 Chain을 지정
25.          write_article_chain,
26.          translate_chain,
27.      ]
28.  )
29.
30.  result = sequential_chain.run("일렉트릭 기타 선택 방법")
31.
32.  print(result)
```

다음 명령어로 위 소스코드를 실행해 보자.

```
python3 sequential_chain.py
```

그러면 다음과 같이 기사가 생성되어 영어로 번역되는 것을 확인할 수 있다.

How to Choose an Electric Guitar: A Guide for Beginners

Electric guitars are popular among many people due to their diverse range of tones and performance capabilities. However, for those who are purchasing one for the first time, they may not have knowledge about the different types and features of guitars to choose from. Below, we will explain the important points to consider when choosing an electric guitar.

~~~생략~~~

소스코드의 요점을 확인해 보자.

sequential_chain.py

```
07. write_article_chain = LLMChain(          ← 기사를 쓰는 LLMChain 만들기
08.     llm=chat,
09.     prompt=PromptTemplate(
10.         template="{input}에 관한 기사를 써주세요.",
11.         input_variables=["input"],
12.     ),
13. )
```

7번째 줄에서는 특정 주제에 대한 기사를 생성하는 LLMChain을 초기화하고 write_article_chain 변수에 저장한다.

sequential_chain.py

```
15. translate_chain = LLMChain(          ← 번역하는 LLMChain을 생성
16.     llm=chat,
17.     prompt=PromptTemplate(
18.         template="다음 문장을 영어로 번역해 주세요.\n{input}",
19.         input_variables=["input"],
20.     ),
21. )
```

다음으로 15번째 줄에서는 번역할 LLMChain을 초기화해 translate_chain 변수에 저장하고 있다.

sequential_chain.py

```
23. sequential_chain = SimpleSequentialChain(        ← SimpleSequentialChain을 생성
24.     chains=[            ← 실행할 Chain을 지정
25.         write_article_chain,
26.         translate_chain,
27.     ]
28. )
```

23행에서는 SimpleSequentialChain을 초기화해 sequential_chain 변수에 저장하고, write_article_chain, translate_chain 변수를 배열로 지정한다.

이렇게 설정해 Chains를 순서대로 실행할 수 있는 것이 SimpleSequentialChain이다.

sequential_chain.py

```
30. result = sequential_chain.run("일렉트릭 기타 선택 방법")
31.
32. print(result)
```

31번째 줄에서 sequential_chain을 run 메서드로 실행하고, 32번째 줄에서 결과를 표시한다.

이상으로 SimpleSequentialChain을 사용해 순차적으로 Chains를 실행할 수 있었다.

Column 용도별로 다양하게 준비된 Chains

이 장에서는 대표적인 Chains를 소개했지만, 그 외에도 많은 Chains가 준비돼 있다. 간략하게 소개하니 관심이 있는 것이 있다면 조사해 사용해 보자.

- RouterChain

  미리 준비된 여러 Chains와 그 설명을 준비해두고, 질문이나 지시에 따라 어떤 Chains를 실행할지 판단한 후에 Chains를 실행한다. 이렇게 여러 Chains를 모아서 결과적으로 다양한 종류의 태스크를 하나의 Chains로 처리할 수 있게 된다.

- LLMMathChain

  언어 모델이 틀리기 쉬운 계산을 확실하게 수행하는 Chains이다. 언어 모델에 파이썬 코드를 작성하게 해 실행함으로써 확실한 계산을 가능하게 한다.

- LLMCheckerChain

  입력된 프롬프트로 언어 모델을 호출하고, 결과를 다시 언어 모델을 호출해 검증함으로써 잘못된 결과를 출력하기 어렵게 만든다.

- OpenAlModerationChain

  생성된 콘텐츠가 OpenAI의 정책에 준수하는지를 확인하는 Moderation이라는 기능이 있다. 이 Chains는 Moderation 기능을 사용해 폭력이나 차별, 자해 등 문제가 있는 콘텐츠의 생성을 방지하기 위한 것이다.

CHAPTER 6

Agents –
자율적으로 외부와
상호작용해 언어 모델의
한계를 뛰어넘기

#자율적 #Agent #Tool

외부와 상호작용하면서 자율적으로 행동하는 Agents

먼저 기본을 익히자   언어 모델만으로는 텍스트를 전송하고 텍스트를 수신하는 것 이상을 할 수 없지만, Agents 모듈을 사용하면 다양한 작업을 수행할 수 있다.

▌언어 모델에 도구를 부여할 수 있다

많은 사람이 계산할 때 계산기를 사용하고, 모르는 정보를 찾기 위해 구글 등에서 검색하는 것처럼, Agents 모듈을 사용하면 언어 모델도 이와 마찬가지로 작업에 맞는 도구를 선택해 실행할 수 있다.

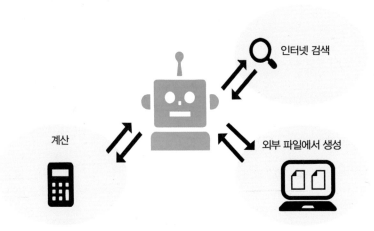

Agents 모듈에는 다음과 같은 두 가지 하위 모듈이 있다. 먼저 각각에 대한 개요를 살펴보자.

- Tool
- Agent

말 그대로 다양한 '도구'가 되는 Tool

Tool은 언어 모델만으로는 할 수 없는 일을 할 수 있게 하는 모듈이다. Tool에는 계산할 수 있는 것, 검색할 수 있는 것 등 다양한 종류가 있다. 따라서 목적에 따라 필요한 것을 사용한다. 다르게 말하면, 어떤 Tool을 준비하느냐에 따라 할 수 있는 일이 달라진다는 것이다.

Tool은 랭체인이 제공하는 것 외에도 직접 만든 Tool을 사용할 수 있다. 랭체인이 제공하는 Tool에는 다음과 같은 것들이 있다.

- LLMMath

  언어 모델이 취약한 계산을 위한 Tool이다.

- Requests

  지정된 URL로 요청을 보낼 수 있다. 주로 웹사이트의 정보를 가져오거나 인터넷에 공개된 API에서 정보를 가져오는 데 사용된다.

- File System Tools

  PC 내 파일에 접근해 지정된 경로의 파일을 읽고 쓸 수 있다. 예를 들어, 실행 결과를 저장하거나 파일에 저장된 정보를 불러올 수 있다.

- SerpApi

  구글이나 야후(Yahoo) 검색을 API로 하는 SerpApi라는 웹 서비스와 연동할 수 있다. 언어 모델이 알지 못하는 정보를 구글 등에서 검색해 가져오는 데 사용된다.

명령에 따라 자율적으로 처리를 수행하는 Agent

Agent는 Tool을 선택하고 다음 단계의 처리를 수행하는 주체다.

1. 사용자로부터 작업을 받는다.
2. 준비된 Tool 중에서 어떤 Tool을 사용할지, 어떤 정보를 입력할지를 결정한다.
3. Tool을 사용해 결과를 얻는다.
4. 3에서 얻은 결과를 통해 과업이 달성되고 있는지 확인한다.
5. 에이전트가 작업을 완료했다고 판단할 수 있을 때까지 2~4를 반복한다.

이 일련의 흐름은 Agent에서 가장 많이 사용되며, ReAct 기법이라고 한다. 이 외에도 몇 가지 기법이 있으며, 설정값만 바꾸면 쉽게 전환할 수 있다.

이처럼 Agent는 단순히 Tool을 조작하는 것이 아니다. 어떤 Tool을 어떻게 사용하면 좋을지 고민하고 실행하고, 결과 검증까지 Agent 스스로 하는 것이 Agent의 가장 큰 가치이자 특징이다.

다음으로는 언어 모델만으로는 달성할 수 없는 작업을 Agents 모듈을 통해 구현해 보자.

주어진 URL에서 정보를 얻게 하기

URL에 액세스할 수 있는 Tool을 가진 Agent를 만들어 보자.

06_agent라는 디렉터리를 생성하고, VS Code의 [파일] 메뉴 → [새 텍스트 파일]에서 agent_1.py라는 파일을 만들고 다음과 같이 입력한다.

agent_1.py
```
01. from langchain.agents import AgentType, initialize_agent, load_tools
02. from langchain.chat_models import ChatOpenAI
03.
04. chat = ChatOpenAI(
05.     temperature=0,          ← temperature를 0으로 설정해 출력의 다양성을 억제
06.     model="gpt-3.5-turbo"
07. )
08.
09. tools = load_tools(        ← 랭체인에 준비된 Tool을 로드
10.     [
11.         "requests",        ← 특정 URL의 결과를 얻는 Tool인 requests를 로드
12.     ]
13. )
14.
15. agent = initialize_agent(        ← Agent를 초기화
16.     tools=tools,                 ← Agent가 사용할 수 있는 Tool의 배열을 설정
17.     llm=chat,                    ← Agent가 사용할 언어 모델을 지정
18.     agent=AgentType.CHAT_ZERO_SHOT_REACT_DESCRIPTION,    ←ReAct 방식으로 작동하게 설정
```

```
19.       verbose=True        ← 실행 중 로그를 표시
20.   )
21.
22.   result = agent.run("""아래 URL에 접속해 도쿄의 날시를 검색해 한국어로 답하세요.
23.   https://www.jma.go.jp/bosai/forecast/data/overview_forecast/130000.json
24.   """)
25.
26.   print(f"실행 결과: {result}")
```

입력이 완료되면 다음 명령을 실행한다.

```
python3 agent_1.py
```

그러면 다음과 같이 결과가 표시된다.

```
> Entering new AgentExecutor chain...
Thought: I need to use the `requests_get` tool to access the URL and retrieve the weather
forecast for Tokyo in Korean.

Action:
```
{
  "action": "requests_get",
    "action_input": "https://www.jma.go.jp/bosai/forecast/data/
overview_forecast/130000.json"
}
```

Observation: {"publishingOffice":"気象庁",
~~~생략~~~
"}
Thought:The weather forecast for Tokyo in Korean is as follows:
```

"도쿄 지역은 대체로 맑습니다. 6일은 고기압에 영향을 받지만 습한 공기의 영향을 받을 것으로 예상되어 맑은 날씨가 밤에는 흐릴 것입니다. 7일은 고기압에 영향을 받지만 찬기와 기압의 변동으로 대체로 맑아지겠으며, 일부 지역에서는 비와 뇌우가 동반될 것으로 예상됩니다.

~~~생략~~~"

Final Answer: 도쿄의 날씨는 대체로 맑으며, 6일에는 밤에 흐릴 것이고, 7일에는 대체로 맑아지겠으며, 일부 지역에서는 비와 뇌우가 동반될 것입니다. ~~~생략~~~

> Finished chain.
실행 결과: 도쿄의 날씨는 대체로 맑으며, 6일에는 밤에 흐릴 것이고, 7일에는 대체로 맑아지겠으며, 일부 지역에서는 비와 뇌우가 동반될 것입니다. ~~~생략~~~

코드와 결과를 자세히 살펴보자.

agent_1.py

```
04. chat = ChatOpenAI(
05.     temperature=0,      ← temperature를 0으로 설정해 출력의 다양성을 억제
06.     model="gpt-3.5-turbo"
07. )
```

4번째 줄에서는 Chat 모델을 초기화한다.

5번째 줄에서는 언어 모델의 출력 다양성을 설정하는 매개변수인 temperature를 설정한다. temperature는 0~2의 값을 설정할 수 있으며, 값이 커질수록 응답의 다양성이 높아지며, 0으로 설정하면 동일한 입력에 대해 동일한 출력이 나온다. 기본값인 0.7에서는 Agents 모듈을 사용할 때 드물게 실행이 실패하는 경우가 있어 안정적으로 작동하기 위해 0으로 설정한다.

agent_1.py

```
09. tools = load_tools(      ← 랭체인에 준비된 Tool을 로드
10.     [
11.         "requests",      ← 특정 URL의 결과를 얻는 Tool인 requests를 로드
12.     ]
13. )
```

9번째 줄에서는 load_tools로 필요한 Tool을 불러온다. load_tools는 Tool 이름을 지정해 랭체인에 준비된 Tool을 불러올 수 있다. 여기서는 "requests"를 설정하고, 특정 URL에서 정보를 가져올 수 있는 Tool을 불러온다. 불러온 Tool은 배열로 tools에 저장된다.

```
agent_1.py
15.  agent = initialize_agent(        ← Agent를 초기화
16.      tools=tools,       ← Agent가 사용할 수 있는 Tool의 배열을 설정
17.      llm=chat,          ← Agent가 사용할 언어 모델을 지정
18.      agent=AgentType.CHAT_ZERO_SHOT_REACT_DESCRIPTION,    ←ReAct 방식으로 작동하게 설정
19.      verbose=True     ← 실행 중 로그를 표시
20.  )
```

15번째 줄에서는 initialize_agent 함수로 Agent를 초기화해 agent 변수에 저장한다. 여기서 initialize_agent는 다음과 같은 매개변수를 받아 Agent를 초기화한다.

- tools

  Agent에서 사용할 수 있는 Tool을 배열로 지정한다. 이번 코드에서는 load_tools 함수에서 불러온 "requests"만 전달하고 있다.

- llm

  Agent에서 사용할 언어 모델을 지정한다. 이번에는 chat에 저장된 Chat models를 지정한다.

- agent

  어떤 방식으로 Agent를 구동할지 설정한다('Agent의 종류에 대해'에서 자세히 설명).

사용하는 언어 모델은 Chat models와 LLMs 중 어느 것을 사용할 것인지, ReAct 방식을 사용할 것인지 아니면 다른 방식을 사용할 것인지에 따라 다양한 종류가 준비돼 있다. 18번째 줄에는 ReAct 방식으로 Chat models를 구동하는 것을 나타내는 AgentType.CHAT_ZERO_SHOT_REACT_DESCRIPTION을 지정한다.

- verbose

  verbose를 True로 설정하면 Agent가 Tool을 어떻게 사용하는지 등 진행 상황을 표시할 수 있으며, Agents 모듈에서는 주어진 Task에 대해 Tool이 어떻게 사용되는지 확인하는 것이 중요하다. 개발 중에는 verbose를 True로 설정하는 것이 좋다.

agent_1.py

```
22. result = agent.run("""아래 URL에 접속해 도쿄의 날시를 검색해 한국어로 답하세요.
23. https://www.jma.go.jp/bosai/forecast/data/overview_forecast/130000.json
24. """)
25.
26. print(f"실행 결과: {result}")
```

22행에서 Agent의 run 메서드에 달성하고자 하는 작업을 인수로 설정해 실행한다. 이번에는 https://www.jma.go.jp/bosai/forecast/data/overview_forecast/130000.json의 정보를 가져와서 도쿄의 일기예보를 조회하도록 지시하고 있다.

구체적인 Agent의 작동을 이해하기 위해 출력 결과를 자세히 살펴보자.

```
> Entering new AgentExecutor chain...
```

위쪽 부분에서 Agent의 실행이 시작됐음을 나타낸다.

verbose를 True로 설정하면 다음과 같이 처리 중인 로그가 출력된다.

```
Thought: I need to use the `requests_get` tool to access the URL and retrieve the weather
forecast for Tokyo in Korean.

Action:
```
{
  "action": "requests_get",
  "action_input": "https://www.jma.go.jp/bosai/forecast/data/
overview_forecast/130000.json"
}
```

Observation: {"publishingOffice":"気象庁",
~~~생략~~~
"}
```

로그 부분에서는 Agent가 작업을 완료하기 위해 Tool을 어떻게 사용할지 고민하고 있다. 그런 다음, Agent는 명령을 분석해 작업을 수행하기 위해 Tool을 실행해야 한다고 판단하고 Tool을 실행한다.

```
{
    "action": "{Tool 이름}"
    "action_input": {Tool에 대한 입력}
}
```

위 부분에서 action에 Tool 이름, action_input에 Tool에 대한 입력이 표시된다. 방금 전 로그에서는 requests_get Tool을 선택했고, 입력에 "https://www.jma.go.jp/bosai/forecast/data/overview_forecast/130000.json"이 설정된 것을 확인할 수 있다. 마지막으로 requests_get Tool은 지정한 URL의 HTML을 가져와서 'Observation:'에서 Agent에 결과가 반환됐다.

```
Thought:The weather forecast for Tokyo in Korean is as follows:

"도쿄 지역은 대체로 맑습니다. 6일은 고기압에 영향을 받지만 습한 공기의 영향을 받을 것으로
예상되어 맑은 날씨가 밤에는 흐릴 것입니다. 7일은 고기압에 영향을 받지만 찬기와 기압의
변동으로 대체로 맑아지겠으며, 일부 지역에서는 비와 뇌우가 동반될 것으로 예상됩니다.
~~~생략~~~"

Final Answer: 도쿄의 날씨는 대체로 맑으며, 6일에는 밤에 흐릴 것이고, 7일에는 대체로
맑아지겠으며, 일부 지역에서는 비와 뇌우가 동반될 것입니다. ~~~생략~~~

> Finished chain.
실행 결과: 도쿄의 날씨는 대체로 맑으며, 6일에는 밤에 흐릴 것이고, 7일에는 대체로
맑아지겠으며, 일부 지역에서는 비와 뇌우가 동반될 것입니다. ~~~생략~~~
```

Agent는 Tool을 통해 얻은 결과가 원하는 답과 일치하는지 판단하고, 그 사고 과정을 Thought로 출력한다. 검증한 결과 달성할 수 있다고 판단되면 그 결과를 Final Answer로 출력한다.

최종적으로 "도쿄의 날씨는 대체로 맑으며, 6일에는 밤에 흐릴 것이고, 7일에는 대체로 맑아지 겠으며, 일부 지역에서는 비와 뇌우가 동반될 것입니다."가 print 문으로 출력되어 처리가 완료됐다.

📍 Point Agent의 종류에 대해

에이전트는 툴을 활용해 특정 태스크를 달성한다. 에이전트를 조작하는 방법은 다양하며, 그에 따라 툴의 조작 방법도 다르다.

▪ AgentType.CHAT_ZERO_SHOT_REACT_DESCRIPTION

대화 형식의 상호작용을 특징으로 하며, Chat models 모듈과 ReAct 방법을 사용해 작동하는 에이전트다.

▪ AgentType.ZERO_SHOT_REACT_DESCRIPTION

LLMs 모듈 사용을 전제로 하는 에이전트다.

▪ AgentType.STRUCTURED_CHAT_ZERO_SHOT_REACT_DESCRIPTION

여러 입력을 가진 툴을 사용하는 에이전트다.

앞서 살펴본 샘플 코드에서는 AgentType.CHAT_ZERO_SHOT_REACT_DESCRIPTION을 설정했다. 종류가 많고 각각의 차이도 이해하기 어렵기 때문에, 이어지는 샘플 코드 등을 통해 자세히 학습해 보자.

파일로 저장 # 검색

section 02
Tool을 추가해
Agent가 할 수 있는 일을 늘리기

인터넷 검색 도구 추가하기

이 섹션에서는 파일 저장을 할 수 있는 Tool과 구글 검색을 할 수 있는 Tool을 추가하고, 결과를 파일로 저장하는 기능을 추가해 보겠다.

▌Agent가 할 수 있는 것은 전달하는 Tool에 따라 달라진다

이전 섹션의 코드에서는 특정 URL로 요청을 보낼 수 있는 Tool만 준비해 Agent를 실행했지만, 여기서는 파일 쓰기와 인터넷 검색을 할 수 있는 Tool을 추가해 보자.

이번에는 'SerpApi'라는 서비스를 이용해 인터넷에서 정보를 가져온다. SerpApi는 구글 등 검색 엔진의 검색 결과를 API로 가져올 수 있는 서비스다. 월 100회까지 무료로 이용할 수 있으니 작동을 확인하는 데에 충분할 것이다. 다음 URL을 열고 'Register'에서 회원가입을 하면 된다. 단, 이메일이나 전화번호로 인증이 필요하다.

- SerpApi

  https://serpapi.com/

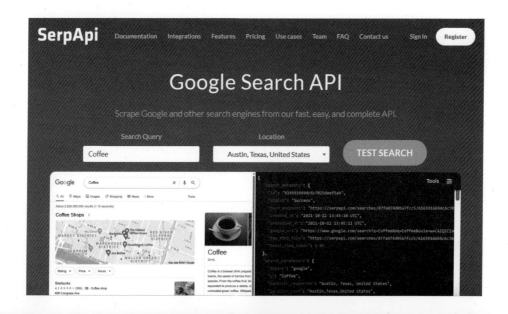

인증이 완료되고 나서 [Subscribe]를 클릭하면 대시보드로 전환된다. 이후 절차에서 사용할 API 키를 저장해 둔다.

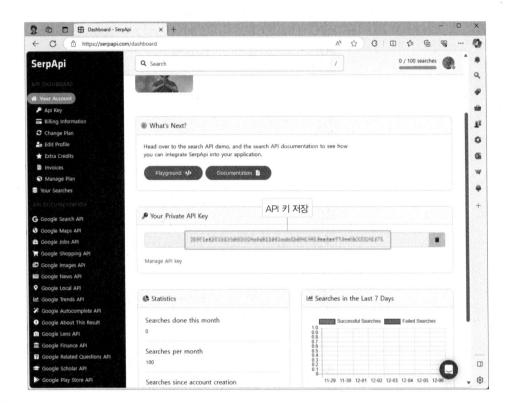

환경 변수에 SerpApi의 API 키 설정하기

API 키 설정과 마찬가지로 접속 정보를 환경 변수로 설정하는 것은 보안을 유지하면서 프로그램에 기밀 정보를 제공하는 일반적인 방법이다. 여기서는 SerpApi의 API 키를 환경 변수로 설정하는 방법을 설명한다.

다음 절차에 따라 SERPAPI_API_KEY라는 환경변수를 설정해 프로그램에서 사용할 수 있다.

윈도우의 경우

4장의 '환경 변수에 레디스 정보 설정하기'에서 REDIS_URL을 설정할 때와 마찬가지로 파워셸과 [System.Envir onment]::SetEnvironmentVariable 명령을 사용한다.

다음 명령어를 실행한다. 여기서 'abcdefg1234567' 부분은 독자의 SerpApi API 키로 대체한다.

```
[System.Environment]::SetEnvironmentVariable('SERPAPI_API_KEY', 'abcdefg1234567', 'User')
```

위 명령어를 실행한 것만으로는 설정이 바로 반영되지 않으므로, 파워셸을 종료한 후 다시 열어 다음 명령어를 실행한다. 설정한 SERPAPI_API_KEY가 표시되면 설정이 성공한 것이다.

```
echo $env:SERPAPI_API_KEY
```

macOS의 경우

1. [애플리케이션] 폴더의 [유틸리티]에 있는 [터미널] 앱을 실행한다.

2. 다음 명령을 실행해 SERPAPI_API_KEY 환경 변수를 .zshrc 파일에 추가한다. {API 키} 부분은 실제 API 키로 대체한다.

```
echo 'export SERPAPI_API_KEY="{API 키}"' >> ~/.zshrc
```

예를 들어 API 키가 abcdefg1234567이라면 다음과 같이 실행한다.

```
echo 'export SERPAPI_API_KEY="abcdefg1234567"' >> ~/.zshrc
```

3. .zshrc 파일에 변경 사항을 적용하려면 다음 명령을 실행해 Z 셸을 다시 로드한다.

```
source ~/.zshrc
```

4. 환경 변수가 올바르게 설정됐는지 확인한다. 다음 명령어를 실행해 설정한 API 키와 환경이 표시되면 설정이 완료된 것이다.

```
echo $SERPAPI_API_KEY
```

이상으로 SERPAPI_API_KEY 설정을 완료했다.

google-search-results 설치하기

SerpApi에서 구글 검색을 하려면 google-search-results라는 파이썬 패키지가 필요하다.
다음 명령을 실행해 설치한다.

```
python3 -m pip install google-search-results
```

완료되면 agent_1.py를 agent_2.py라는 파일명으로 복사해 다음과 같이 편집한다.

agent_2.py

```
01. from langchain.agents import AgentType, initialize_agent, load_tools
                                          ←load_tools 가져오기를 추가
02. from langchain.chat_models import ChatOpenAI
03. from langchain.tools.file_management import WriteFileTool   ←파일 쓰기를 할 수 있는 Tool을
                                                                  가져오기
04.
05. chat = ChatOpenAI(
06.     temperature=0,
07.     model="gpt-3.5-turbo"
08. )
09.
10. tools = load_tools(
11.     [
12.         "requests_get",
13.         "serpapi"                ←serpapi를 추가
14.     ],
15.     llm=chat
16. )
17.
18. tools.append(WriteFileTool(      ←파일 쓰기를 할 수 있는 Tool을 추가
19.     root_dir="./"
20. ))
21.
```

```
22.  agent = initialize_agent(
23.      tools,
24.      chat,
25.      agent=AgentType.STRUCTURED_CHAT_ZERO_SHOT_REACT_DESCRIPTION,    ←Agent 유형을 변경
26.      verbose=True
27.  )
28.
29.  result = agent.run("경주시의 특산품을 검색해 result.txt 파일에 한국어로 저장하세요.")
                                                              ←실행 결과를 파일에 저장하도록 지시
30.
31.  print(f"실행 결과: {result}")
```

저장이 완료되면 VS Code의 터미널에서 다음 명령을 실행한다.

```
python3 agent_2.py
```

그러면 다음과 같은 결과가 출력된다.

```
> Entering new AgentExecutor chain...
Action:
```
{
  "action": "Search",
  "action_input": "경주시 특산물"
}
```
Observation: 주로 경주 한우와 친환경으로 재배한 곤달비, 감포에서 잡은 가자미 등 경주 지역의 특산물을 이용하는 것이 특징. 음식의 종류는 총 4가지로 육부촌 육개장, 곤달비 비빔밥, 가자미 과일 소스 단호박, 전복초가 있다.
Thought:To save the search results in a file, we can use the `write_file` tool. Let's write the search results to the "result.txt" file in Korean.

Action:
```
{
  "action": "write_file",
  "action_input": {
```
```

```
    "file_path": "result.txt",
     "text": "주로 경주 한우와 친환경으로 재배한 곤달비, 감포에서 잡은 가자미 등 경주
지역의 특산물을 이용하는 것이 특징. 음식의 종류는 총 4가지로 육부촌 육개장, 곤달비
비빔밥, 가자미 과일 소스 단호박, 전복초가 있다.",
    "append": false
  }
}
```

Observation: File written successfully to result.txt.
Thought:I have successfully saved the search results about the specialty products of
Gyeongju City in the "result.txt" file. Is there anything else I can help you with?

> Finished chain.
실행 결과: I have successfully saved the search results about the specialty products of
Gyeongju City in the "result.txt" file. Is there anything else I can help you with?

또한 result.txt라는 파일에는 다음과 같이 결과가 저장돼 있다. 단, 결과에 대해서는 이대로
되지 않을 수도 있고, 영어로 돼 있을 수도 있다.

주로 경주 한우와 친환경으로 재배한 곤달비, 감포에서 잡은 가자미 등 경주 지역의 특산물을 이용하는 것이 특징.
음식의 종류는 총 4가지로 육부촌 육개장, 곤달비 비빔밥, 가자미 과일 소스 단호박, 전복초가 있다.

코드와 결과에 대해 자세히 살펴보자.

agent_2.py

```
03. from langchain.tools.file_management import WriteFileTool    ←파일 쓰기를 할 수 있는 Tool을
                                                                   가져오기
```

3번째 줄에서는 **WriteFileTool**이라는 파일 쓰기를 할 수 있는 Tool을 가져오고 있다. 이
Tool은 지정한 경로에 텍스트 파일을 생성하고, 지정한 텍스트를 쓰는 기능을 가지고 있다.

agent_2.py

```
10. tools = load_tools(
11.     [
12.         "requests_get",
13.         "serpapi"               ←serpapi를 추가
14.     ],
15.     llm=chat
16. )
```

13번째 줄에서는 "serpapi"를 추가해 SerpApi의 Tool을 불러오도록 설정하고 있다.

agent_2.py

```
18. tools.append(WriteFileTool(    ←파일 쓰기를 할 수 있는 Tool을 추가
19.     root_dir="./"
20. ))
```

18번째 줄에서 WriteFileTool을 초기화하고 Tool을 배열에 추가한다. 또한 root_dir="./"
로 설정해 생성할 파일의 루트 디렉터리를 현재 디렉터리로 설정한다.

load_tools 함수로 모든 Tool을 가져올 수 있는 것은 아니며, WriteFileTool처럼 일부 Tool
은 매개변수에 설정을 추가해 초기화해야 하는데, tools는 배열이므로 append 메서드로 Tool
을 추가한다.

agent_2.py

```
22. agent = initialize_agent(
23.     tools,
24.     chat,
25.     agent=AgentType.STRUCTURED_CHAT_ZERO_SHOT_REACT_DESCRIPTION,    ←Agent 유형을 변경
26.     verbose=True
27. )
```

이어 25번째 줄에서 AgentType이 STRUCTURED_CHAT_ZERO_SHOT_REACT_DESCRIPTION으로
변경됐으며, Tool에는 단일 입력으로 작동하는 것과 여러 개의 입력이 필요한 두 가지 종
류가 있다. CHAT_ZERO_SHOT_REACT_DESCRIPTION은 단일 입력의 Tool만 받아들일 수 있다.

WriteFileTool은 여러 개의 입력을 필요로 하므로 이에 대응하는 STRUCTURED_CHAT_ZERO_SHOT_REACT_DESCRIPTION으로 변경한다.

```
agent_2.py
29.  result = agent.run("경주시의 특산품을 검색해 result.txt 파일에 한국어로 저장하세요.")
                                                           ←실행 결과를 파일에 저장하도록 지시
30.
31.  print(f"실행 결과: {result}")
```

마지막으로 29번째 줄에서 Agent에 지시를 주어 호출한다. 이제 출력 결과를 살펴보겠다.

```
> Entering new AgentExecutor chain...
Action:
```
{
  "action": "Search",   ←Search Tool을 선택
  "action_input": "경주시 특산물"   ←검색할 키워드 지정
}
```

Observation: 주로 경주 한우와 친환경으로 재배한 곤달비, 감포에서 잡은 가자미 등 경주 지역의 특산물을 이용하는 것이 특징. 음식의 종류는 총 4가지로 육부촌 육개장, 곤달비 비빔밥, 가자미 과일 소스 단호박, 전복초가 있다.
```

먼저 Agent는 '경주의 특산물'을 알아보기 위해 Search Tool을 선택한다. 지정한 키워드로 인터넷 검색을 하고 그 결과를 Agent에게 돌려준다.

```
Thought:To save the search results in a file, we can use the `write_file` tool. Let's write the search results to the "result.txt" file in Korean.

Action:
```
{
  "action": "write_file",   ←write_file Tool을 선택
  "action_input": {
    "file_path": "result.txt",   ←파일명
```
```

```
    "text": "주로 경주 한우와 친환경으로 재배한 곤달비, 감포에서 잡은 가자미 등 경주
지역의 특산물을 이용하는 것이 특징. 음식의 종류는 총 4가지로 육부촌 육개장, 곤달비      ←파일 내용
비빔밥, 가자미 과일 소스 단호박, 전복초가 있다.",
    "append": false
  }
}
```

다음으로 Agent는 검색 결과를 result.txt라는 이름의 파일로 저장하기 위해 write_file
Tool을 선택했고, action_input에는 file_path에 파일명, text에 파일 내용을 전달한다.

```
Observation: File written successfully to result.txt.
Thought:I have successfully saved the search results about the specialty products of
Gyeongju City in the "result.txt" file. Is there anything else I can help you with?

> Finished chain.
실행 결과: I have successfully saved the search results about the specialty products of
Gyeongju City in the "result.txt" file. Is there anything else I can help you with?
```

Agent는 파일 쓰기 성공을 확인한다. 마지막으로 쓰기가 완료됐다는 응답이 영어로 표시돼
있다.

Agent는 어떤 Tool을 실행해야 하는지 등의 생각을 영어로 한다. 이 과정에서 응답이 영어로
되어 버리는 경우가 있다. 작성하는 애플리케이션의 응답이 반드시 한국어여야 한다면, 다른
언어 모델 호출을 통해 응답을 번역해 주어야 한다.

◉ Point ReAct 기법과 OpenAI Function Calling

지금까지 소개한 에이전트는 모두 ReAct 방법을 사용했다.

하지만 에이전트를 작동시키는 방법은 ReAct 외에도 존재한다. 예를 들어, 'OpenAI Function Calling'을 사용한 방법이 있다.

이 기능은 2023년 6월 13일에 OpenAI에 의해 GPT-3.5와 GPT-4에 추가됐다.

이것은 파이썬 등으로 구현된 프로그램과 GPT를 직접 연동할 수 있는 기능이다.

구체적으로는 사용자의 질문이나 요구를 GPT에 전달하고, 그 결과를 바탕으로 구현된 처리를 실행할 수 있다.

Agents 모듈에서는 이 GPT의 기능을 사용해 에이전트를 작동시킬 수도 있다.

에이전트를 'OpenAI Function Calling'을 사용해 작동시키려면 agent 매개변수에 `AgentType.OPENAI_MULTI_FUNCTIONS` 또는 `AgentType.OPENAI_FUNCTIONS`를 설정한다.

```
agent = initialize_agent(
    tools,
    chat,
    agent=AgentType.OPENAI_MULTI_FUNCTIONS,   ← Agent 유형을 OpenAI Function Calling으로 변경
    verbose=True
)
```

▪ `AgentType.OPENAI_MULTI_FUNCTIONS`

여러 입력을 가진 툴을 사용하며 `AgentType.STRUCTURED_CHAT_ZERO_SHOT_REACT_DESCRIPTION`과 대체 가능하다.

▪ `AgentType.OPENAI_FUNCTIONS`

단일 입력을 가진 툴만을 사용하며 `AgentType.CHAT_ZERO_SHOT_REACT_DESCRIPTION`과 대체 가능하다.

ReAct 방법은 언어 모델만으로 할 수 없는 것을 어떻게 실현할지에 대한 연구로 탄생한 방법이다. 반면 'OpenAI Function Calling'은 OpenAI가 GPT-3.5와 GPT-4에 구현한 기능이므로 이들 언어 모델 외에서는 사용할 수 없다.

GPT의 언어 모델을 사용해 에이전트가 제대로 작동하지 않을 때는 `AgentType.OPENAI_MULTI_FUNCTIONS`로 대체해 시도하면 잘 작동하기도 한다.

{
section
[03]
}

Tool을 직접 제작해
기능 확장하기

랜체인에 없는 기능
을 구현할 수 있다

지금까지는 Agents 모듈에서 이미 제공되는 Tool을 사용했다. 이 섹션에서는 Tool을 직접 만들어서 Agent가 할 수 있는 일을 늘리는 방법을 알아본다.

▌ Tool을 직접 만들어서 할 수 있는 일의 폭을 더욱 넓힌다

Agent 모듈에서는 사용자가 직접 Tool을 쉽게 생성할 수 있다. 이를 통해 기존 서비스 및 시스템과의 연동을 원활하게 할 수 있다.

Tool을 직접 제작하기 전에 Agent가 Tool을 선택하는 메커니즘을 살펴보자. 우선 Tool은 다음과 같은 세 가지 요소로 구성돼 있으며, 랜체인에 제공되는 Tool도 기본적으로 이러한 형태로 설정돼 있다.

- 이름: Tool을 식별하기 위한 이름. 예: 'Calculator', 'requests_get'

- 기능 설명: Tool이 무엇을 하는지에 대한 간략한 설명, Agent가 Tool을 어떻게 사용할지 판단할 수 있는 자료

- 실행 함수: Tool이 실제로 작동할 때 처리

구체적으로 살펴보자. 먼저 다음 코드가 Tool의 기본 타입이다.

tool_sample.py

```
Tool(
    name="이름"
    description="기능 설명",
    func=실행 함수
)
```

예를 들어, agent_1.py에서 사용한 requests_get Tool은 다음과 같이 설정돼 있다.

tool_sample.py

```
Tool(
    name="requests_get",
    description="A portal to the internet. Use this when you need to get specific content
from a website. Input should be a url (i.e. https://www.google.com). The output will be
the text response of the GET request.",
    func={URL에 요청을 보내고 결과를 얻기 위한 처리}
)
```

기능 설명인 description에는 'Web 사이트에서 특정 콘텐츠를 가져올 때 사용'이라고 명시돼 있다. Agent는 태스크를 받으면 이 기능 설명을 먼저 확인해 적절한 Tool을 선택한다. 그리고 func에는 'URL에 요청을 보내고 결과를 가져오는 처리'가 파이썬으로 구현돼 있다. Agent가 URL에 요청을 보내야 한다고 판단하면 이 기능 설명을 바탕으로 Tool을 선택하고 func에 작성된 파이썬 코드를 실행해 언어 모델만으로는 할 수 없는 작업을 수행한다.

이러한 구조로 위와 같은 '이름', '기능 설명', '실행 함수'만 준비하면 쉽게 Tool을 직접 만들 수 있다.

실제로 방금 전 코드를 기반으로 특정 숫자 이상의 임의의 숫자를 생성하는 Tool을 추가해 보자.

agent_2.py를 agent_3.py라는 파일명으로 복사해 다음과 같이 편집한다.

agent_3.py

```
01. import random            ←임의의 숫자를 생성하기 위해 필요한 모듈을 가져오기
02. from langchain.agents import AgentType, Tool, initialize_agent      ←Tool을 가져오기
03. from langchain.chat_models import ChatOpenAI
04. from langchain.tools import WriteFileTool
05.
06. chat = ChatOpenAI(
07.     temperature=0,
08.     model="gpt-3.5-turbo"
09. )
10.
11. tools = []               ← 다른 도구는 필요 없으므로 일단 삭제
```

```
12.
13. tools.append(WriteFileTool(
14.     root_dir="./"
15. ))
16.
17. def min_limit_random_number(min_number):  ←최솟값을 지정할 수 있는 임의의 숫자를 생성하는 함수
18.     return random.randint(int(min_number), 100000)
19.
20.
21. tools.append(                    ←Tool을 추가
22.     Tool(
23.         name="Random",           ←Tool 이름
24.         description="특정 최솟값 이상의 임의의 숫자를 생성할 수 있습니다.",   ←Tool 설명
25.         func=min_limit_random_number    ←Tool이 실행될 때 호출되는 함수
26.     )
27. )
28.
29. agent = initialize_agent(
30.     tools,
31.     chat,
32.     agent=AgentType.STRUCTURED_CHAT_ZERO_SHOT_REACT_DESCRIPTION,
33.     verbose=True
34. )
35.
36. result = agent.run("10 이상의 난수를 생성해 random.txt 파일에 저장하세요.")
37.
38. print(f"실행 결과: {result}")
```

저장이 완료되면 VS Code에서 다음 명령을 실행한다.

```
python3 agent_3.py
```

그러면 다음과 같은 출력이 표시된다.

```
> Entering new AgentExecutor chain...
Action:
```

```
```
{
  "action": "Random",
  "action_input": "10"
}
```
```

Observation: 71316
Thought:I have generated a random number, which is 71316. Now I will write this number to the random.txt file.

Action:
```
```
{
  "action": "write_file",
  "action_input": {
    "file_path": "random.txt",
    "text": "71316",
    "append": false
  }
}
```
```

Observation: File written successfully to random.txt.
Thought:I have successfully generated a random number and saved it in the "random.txt" file. Is there anything else I can help you with?

> Finished chain.
실행 결과: I have successfully generated a random number and saved it in the "random.txt" file. Is there anything else I can help you with?

코드의 변경 사항을 살펴보자.

---
agent_3.py

```
01.  import random          ←임의의 숫자를 생성하기 위해 필요한 모듈을 가져오기
02.  from langchain.agents import AgentType, Tool, initialize_agent          ←Tool을 가져오기
```

첫 번째 줄에서는 임의의 숫자를 생성하기 위해 random 모듈을 가져오고 있다.

그리고 두 번째 줄에서는 자체 제작 Tool을 정의하기 위한 Tool을 가져온다.

agent_3.py

```
17.  def min_limit_random_number(min_number):      ←최솟값을 지정할 수 있는 임의의 숫자를 생성하는 함수
18.      return random.randint(int(min_number), 100000)
```

17번째 줄에서는 지정한 최솟값과 100,000 사이의 임의의 정수를 생성할 수 있는 min_limit_random_number 함수를 정의한다.

agent_3.py

```
21.  tools.append(            ←도구를 추가
22.      Tool(
23.          name="Random",          ←도구 이름
24.          description="특정 최솟값 이상의 임의의 숫자를 생성할 수 있습니다.",   ←도구 설명
25.          func=min_limit_random_number      ←도구가 실행될 때 호출되는 함수
26.      )
27.  )
```

21번째 줄에서는 자체 제작한 Tool을 tools 배열에 추가한다. 여기서는 Random이라는 특정 최솟값 이상의 무작위 숫자를 생성할 수 있는 Tool이라고 정의하고 있다. description에는 Tool에 대한 설명, func에는 Tool의 실제 처리인 min_limit_random_number 함수가 설정돼 있다.

agent_3.py

```
36.  result = agent.run("10 이상의 난수를 생성해 random.txt 파일에 저장하세요.")
37.
38.  print(f"실행 결과: {result}")
```

36번째 줄에서는 Agent를 호출하고 결과를 38번째 줄에 표시한다. 이제 출력 결과를 살펴보겠다.

```
> Entering new AgentExecutor chain...
Action:
```

```
```
{
  "action": "Random",
  "action_input": "10"
}
```
Observation: 71316
```

먼저 위 부분에서 Agent는 10 이상의 무작위 숫자를 생성하기 위해 Random Tool을 선택한다. 이 Tool은 지정한 최솟값과 100,000 사이의 임의의 정수를 생성하고 그 결과를 Agent에 반환한다.

```
Thought:I have generated a random number, which is 71316. Now I will write this number to
the random.txt file.

Action:
```
{
  "action": "write_file",
  "action_input": {
    "file_path": "random.txt",
    "text": "71316",
    "append": false
  }
}
```
```

그런 다음 Agent는 생성한 임의의 숫자를 random.txt라는 이름의 파일에 저장하기 위해 write_file Tool을 선택하고, Agent는 Tool에 실행할 내용을 지시하고 그 결과를 기다린다.

```
Observation: File written successfully to random.txt.
Thought:I have successfully generated a random number and saved it in the "random.txt"
file. Is there anything else I can help you with?

> Finished chain.
```

실행 결과: I have successfully generated a random number and saved it in the "random.txt" file. Is there anything else I can help you with?

마지막으로 Agent는 파일 쓰기 성공 여부를 확인하고 그 결과를 최종 응답으로 출력한다.

이렇게 Tool을 직접 만들어서 랭체인에 없는 기능을 Agent에 추가할 수 있다.

section

{04} Retrievers를 사용해 문장을 검색하는 Tool 만들기

Retrievers를 Tool로 변환하기

이 섹션에서는 Retrievers를 Tool로 변환해 Agent에서 사용하는 방법을 알아본다.

Retrievers는 Tool로 변환할 수 있다

Agent는 자율적으로 어떤 Tool을 사용할지 결정하고, Tool을 사용해 작업을 수행한다. 예를 들어, 3장의 '준비된 Retrievers를 사용해 위키백과를 정보원으로 활용'에서 WikipediaRetriever를 사용해 위키백과에서 기사를 검색하고 답변하는 기능을 만들었는데, 랭체인에서는 이 Retrievers를 Tool로 변환해 Agent에서 사용할 수 있도록 했다. 이 장의 섹션 2에서 소개한 SerpApi는 Google에서 검색하는 기능이며, Retrievers를 사용하면 위키백과나 구축한 벡터 데이터베이스에서도 검색할 수 있게 된다. 이번 섹션에서는 실제로 Retrievers를 Tool화하는 방법을 알아본다.

이전 섹션에서 만든 agent_3.py를 agent_4.py라는 파일명으로 복사해 다음과 같이 편집한다.

agent_4.py

```
01. from langchain.agents import AgentType, Tool, initialize_agent
02. from langchain.agents.agent_toolkits import create_retriever_tool    ← create_retriever_tool을
                                                                           가져오기
03. from langchain.chat_models import ChatOpenAI
04. from langchain.retrievers import WikipediaRetriever       ←WikipediaRetriever를 가져오기
05. from langchain.tools import WriteFileTool
06.
07. chat = ChatOpenAI(
08.     temperature=0,
09.     model="gpt-3.5-turbo"
10. )
11.
```

```
12. tools = []
13.
14. tools.append(WriteFileTool(
15.     root_dir="./"
16. ))
17.
18. retriever = WikipediaRetriever(          ←WikipediaRetriever를 초기화
19.     lang="ko",          ←언어를 한국어로 설정
20.     doc_content_chars_max=500,          ←글의 최대 글자 수를 500자로 설정
21.     top_k_results=1     ←검색 결과 중 상위 1건을 가져옴
22. )
23.
24. tools.append(
25.     create_retriever_tool(     ←Retrievers를 사용하는 Tool을 생성
26.         name="WikipediaRetriever",          ←Tool 이름
27.         description="받은 단어에 대한 위키백과 기사를 검색할 수 있다",          ←Tool 설명
28.         retriever=retriever,     ←Retrievers를 지정
29.     )
30. )
31.
32. agent = initialize_agent(
33.     tools,
34.     chat,
35.     agent=AgentType.STRUCTURED_CHAT_ZERO_SHOT_REACT_DESCRIPTION,
36.     verbose=True
37. )
38.
39. result = agent.run("스카치 위스키에 대해 Wikipedia에서 찾아보고 그 개요를 한국어로
    result.txt 파일에 저장하세요.")
40.
41. print(f"실행 결과: {result}")
```

입력이 완료되면 VS Code의 터미널에서 다음 명령을 실행한다.

```
python3 agent_4.py
```

그러면 다음과 같은 결과가 출력된다.

```
> Entering new AgentExecutor chain...
Action:
```{"action": "WikipediaRetriever", "action_input": "스카치 위스키"}```
Observation: [Document(page_content='스카치 위스키(Scotch whisky)는 스코틀랜드에서
제조되는 위스키이다. ~~~생략~~~ ', 'source': 'https://ko.wikipedia.org/wiki/%EC%8A%A4%EC%
B9%B4%EC%B9%98_%EC%9C%84%EC%8A%A4%ED%82%A4')]
Thought:I have retrieved the summary of Scotch whisky from Wikipedia. Now I will save it
in a file named "result.txt" in Korean.

Action:
```{"action": "write_file", "action_input": {"file_path": "result.txt", "text":
"스카치 위스키(Scotch whisky)는 스코틀랜드에서 제조되는 위스키이다. 영국에서는
\"위스키\"(whisky)라고 하면, 특별한 언급이 없는 한 스카치 위스키를 가리킨다. 미국에서는
짧게 줄여 \"스카치\"라고도 불린다."}}```

Observation: File written successfully to result.txt.
Thought:I have successfully saved the summary of Scotch whisky in the file "result.txt"
in Korean. Is there anything else I can help you with?

> Finished chain.
실행 결과: I have successfully saved the summary of Scotch whisky in the file "result.txt"
in Korean. Is there anything else I can help you with?
```

이제 코드의 변경 사항을 자세히 살펴보자.

agent_4.py

```
02. from langchain.agents.agent_toolkits import create_retriever_tool    ← create_retriever_tool을
                                                                             가져오기
    ~~~생략~~~
04. from langchain.retrievers import WikipediaRetriever           ←WikipediaRetriever를 가져오기
    ~~~생략~~~
18. retriever = WikipediaRetriever(          ←WikipediaRetriever를 초기화
19.     lang="ko",          ←언어를 한국어로 설정
20.     doc_content_chars_max=500,          ←글의 최대 글자 수를 500자로 설정
21.     top_k_results=1     ←검색 결과 중 상위 1건을 가져옴
22. )
23.
```

```
24.  tools.append(
25.      create_retriever_tool(        ←Retrievers를 사용하는 Tool을 생성
26.          name="WikipediaRetriever",         ←Tool 이름
27.          description="받은 단어에 대한 위키백과 기사를 검색할 수 있다",    ←Tool 설명
28.          retriever=retriever,      ←Retrievers를 지정
29.      )
30.  )
```

2번째 줄에는 Retrievers에서 Tool을 생성할 수 있는 `create_retriever_tool` 가져오기를 추가하고 있다.

그리고 4번째 줄에서 `WikipediaRetriever`를 가져오고, 18번째 줄에서 초기화해 Tool화할 준비를 하고 있다.

또한 25번째 줄에서는 `create_retriever_tool` 함수를 실행해 Tool화를 수행한다. `name`에는 Tool의 이름, `description`에는 Tool의 설명, `retriever`에는 Tool화할 Retrievers를 설정한다.

이상으로 Retrievers를 Tool로 변환할 수 있었다.

agent_4.py

```
39.  result = agent.run("스카치 위스키에 대해 Wikipedia에서 찾아보고 그 개요를 한국어로
     result.txt 파일에 저장하세요.")
40.
41.  print(f"실행 결과: {result}")
```

41번째 줄에서 위키백과에서 검색해 파일로 저장하라고 명령하고 있다. 이제 출력 결과를 자세히 살펴보겠다.

```
Action:
```
{
  "action": "WikipediaRetriever",   ← Tool을 지정
  "action_input": "스카치 위스키"   ← 검색 키워드를 지정
}
```
```

```
```
Observation: [Document(page_content='스카치 위스키(Scotch whisky)는 스코틀랜드에서
제조되는 위스키이다. ~~생략~~ ', 'source': 'https://ko.wikipedia.org/wiki/%EC%8A%A4%EC%
B9%B4%EC%B9%98_%EC%9C%84%EC%8A%A4%ED%82%A4'})]
```

Tool로 `WikipediaRetriever`가 사용됐고, '스카치 위스키'로 검색됐다. 그 결과 Document의
배열이 검색된 것을 확인할 수 있다.

```
Thought:I have retrieved the summary of Scotch whisky from Wikipedia. Now I will save it
in a file named "result.txt" in Korean.

Action:
```{"action": "write_file", "action_input": {"file_path": "result.txt", "text":
"스카치 위스키(Scotch whisky)는 스코틀랜드에서 제조되는 위스키이다. 영국에서는
\"위스키\"(whisky)라고 하면, 특별한 언급이 없는 한 스카치 위스키를 가리킨다. 미국에서는
짧게 줄여 \"스카치\"라고도 불린다."}}```

Observation: File written successfully to result.txt.
Thought:I have successfully saved the summary of Scotch whisky in the file "result.txt"
in Korean. Is there anything else I can help you with?

> Finished chain.
실행 결과: I have successfully saved the summary of Scotch whisky in the file "result.txt"
in Korean. Is there anything else I can help you with?
```

다음으로 이전 단계의 결과를 파일로 저장해야 한다고 판단하고 `write_file` 툴을 사용해 그대
로 처리하면 처리가 완료된 것을 확인할 수 있다.

이상으로 Retrievers를 Tool로 변환해 Agent에서 사용할 수 있게 됐다. 다음 섹션에서는
Memory 모듈과 결합하는 방법에 대해 알아본다.

문맥에 맞게 답변하는 에이전트 만들기

section **05**

자율적으로 움직이는 Agent 만들기

이 섹션에서는 Memory 모듈과 Agents 모듈을 조합해 문맥에 따라 응답할 수 있는 에이전트를 만들어 본다.

대화 기록을 보관하는 에이전트 생성하기

앞 절에서 만든 애플리케이션을 4장에서 소개한 Memory 모듈과 결합해 대화형 상호작용을 할 수 있게 해보자.

agent_4.py를 agent_5.py라는 파일명으로 복사해 다음과 같이 편집한다.

agent_5.py

```
01. from langchain.agents import AgentType, initialize_agent
02. from langchain.agents.agent_toolkits import create_retriever_tool
03. from langchain.chat_models import ChatOpenAI
04. from langchain.memory import ConversationBufferMemory      ←ConversationBufferMemory 가져오기
05. from langchain.retrievers import WikipediaRetriever
06.
07. chat = ChatOpenAI(
08.     temperature=0,
09.     model="gpt-3.5-turbo"
10. )
11.
12. tools = []
13.
14. # WriteFileTool을 제거
15.
16. retriever = WikipediaRetriever(
17.     lang="ko",
18.     doc_content_chars_max=500,
19.     top_k_results=1
```

```
20.  )
21.
22.  tools.append(
23.      create_retriever_tool(          ←Retrievers를 사용하는 Tool을 생성
24.          name="WikipediaRetriever",      ←Tool 이름
25.          description="받은 단어에 대한 위키백과 기사를 검색할 수 있다",      ←Tool 설명
26.          retriever=retriever,      ←Retrievers를 지정
27.      )
28.  )
29.
30.  memory = ConversationBufferMemory(       ←ConversationBufferMemory를 초기화
31.      memory_key="chat_history",          ←메모리 키를 설정
32.      return_messages=True          ←메시지를 반환하도록 설정
33.  )
34.
35.  agent = initialize_agent(
36.      tools,
37.      chat,
38.      agent=AgentType.CHAT_CONVERSATIONAL_REACT_DESCRIPTION,    ←Agent의 유형을 대화형으로 변경
39.      memory=memory,      ←Memory를 지정
40.      verbose=True
41.  )
42.
43.  result = agent.run("스카치 위스키에 대해 Wikipedia에서 찾아보고 그 개요를 한국어로
     개요를 정리하세요.")          ←위키백과에서 찾아보라고 지시
44.  print(f"1차 실행 결과: {result}")          ←실행 결과를 표시
45.  result_2 = agent.run("이전 지시를 다시 한번 실행하세요.")    ←이전 지시를 다시 실행하도록 지시
46.  print(f"2차 실행 결과: {result_2}")          ←실행 결과를 표시
```

입력이 완료되면 VS Code에서 다음 명령어로 실행한다.

```
python3 agent_5.py
```

그러면 다음과 같이 출력된다.

```
> Entering new AgentExecutor chain...
{
    "action": "WikipediaRetriever",
    "action_input": "스카치 위스키"
}
```
Observation: [Document(page_content='스카치 위스키(Scotch whisky)는 스코틀랜드에서 제조되는 위스키이다. 영국에서는 "위스키"(whisky)라고 하면, 특별한 언급이 없는 한 스카치 위스키를 가리킨다. 미국에서는 짧게 줄여 "스카치"라고도 불린다.\n\n\n== 역사 ==\n"To Friar John Cor, by order of the King, to make aqua vitae VIII bolls of malt." - Exchequer Rolls 1494–95, vol x, p. 487.위스키는 영국 스코틀랜드 지방에서 4~5세기 무렵에 수도 승들이 가지고 들어왔다고 추정되는 증류주 제조술을 바탕으로 제조되어 왔다. 1644년에는 위스키 제조에 세금이 붙기 시작하였는데, 이는 전국적으로 은밀한 위스키 제조를 성행하게 만들었고, 급기야는 1780년 무렵 합법 증류소는 8곳인데 반해 불법 증류소는 400여곳이 될 정도로 불법 위스키 제조가 성행하였다. 이에 1823년, 영국 의회는 "소비세법"을 강화하여 면허를 가지고', metadata={'title': '스카치 위스키', 'summary': '스카치 위스키(Scotch whisky)는 스코틀랜드에서 제조되는 위스키이다. 영국에서는 "위스키"(whisky)라고 하면, 특별한 언급이 없는 한 스카치 위스키를 가리킨다. 미국에서는 짧게 줄여 "스카치"라고도 불린다.', 'source': 'https://ko.wikipedia.org/wiki/%EC%8A%A4%EC%B9%B4%EC%B9%98_%EC%9C%84%EC%8A%A4%ED%82%A4'})]
Thought:{
    "action": "Final Answer",
    "action_input": "스카치 위스키는 스코틀랜드에서 제조되는 위스키로, 영국에서는 '위스키'라고 하면 스카치 위스키를 가리킵니다. 미국에서는 짧게 줄여 '스카치'라고도 불립니다."
}

> Finished chain.
```
1차 실행 결과: 스카치 위스키는 스코틀랜드에서 제조되는 위스키로, 영국에서는 '위스키'라고 하면 스카치 위스키를 가리킵니다. 미국에서는 짧게 줄여 '스카치'라고도 불립니다.

```
> Entering new AgentExecutor chain...
{
    "action": "WikipediaRetriever",
    "action_input": "스카치 위스키"
}
```
```

Observation: [Document(page_content='스카치 위스키(Scotch whisky)는 스코틀랜드에서 제조되는 위스키이다. 영국에서는 "위스키"(whisky)라고 하면, 특별한 언급이 없는 한 스카치 위스키를 가리킨다. 미국에서는 짧게 줄여 "스카치"라고도 불린다.\n\n== 역사 ==\n"To Friar John Cor, by order of the King, to make aqua vitae VIII bolls of malt." - Exchequer Rolls 1494-95, vol x, p. 487.위스키는 영국 스코틀랜드 지방에서 4~5세기 무렵에 수도 승들이 가지고 들어왔다고 추정되는 증류주 제조술을 바탕으로 제조되어 왔다. 1644년에는 위스키 제조에 세금이 붙기 시작하였는데, 이는 전국적으로 은밀한 위스키 제조를 성행하게 만들었고, 급기야는 1780년 무렵 합법 증류소는 8곳인데 반해 불법 증류소는 400여곳이 될 정도로 불법 위스키 제조가 성행하였다. 이에 1823년, 영국 의회는 "소비세법"을 강화하여 면허를 가지고', metadata={'title': '스카치 위스키', 'summary': '스카치 위스키(Scotch whisky)는 스코틀랜드에서 제조되는 위스키이다. 영국에서는 "위스키"(whisky)라고 하면, 특별한 언급이 없는 한 스카치 위스키를 가리킨다. 미국에서는 짧게 줄여 "스카치"라고도 불린다.', 'source': 'https://ko.wikipedia.org/wiki/%EC%8A%A4%EC%B9%B4%EC%B9%98_%EC%9C%84%EC%8A%A4%ED%82%A4'})]
Thought:{
    "action": "Final Answer",
    "action_input": "스카치 위스키는 스코틀랜드에서 제조되는 위스키로, 영국에서는 '위스키'라고 하면 스카치 위스키를 가리킵니다. 미국에서는 짧게 줄여 '스카치'라고도 불립니다."
}

> Finished chain.
2차 실행 결과: 스카치 위스키는 스코틀랜드에서 제조되는 위스키로, 영국에서는 '위스키'라고 하면 스카치 위스키를 가리킵니다. 미국에서는 짧게 줄여 '스카치'라고도 불립니다.

코드의 변경 사항을 살펴보겠다.

agent_5.py

```
04. from langchain.memory import ConversationBufferMemory    ←ConversationBufferMemory 가져오기
```

4번째 줄에서는 언어 모델에 메모리를 부여하는 ConversationBufferMemory를 가져온다.

agent_5.py

```
14. # WriteFileTool을 제거
```

이 책의 집필 시점에 Agents 모듈을 Memory 모듈과 함께 사용하기 위해서는 `AgentType.CHAT_CONVERSATIONAL_REACT_DESCRIPTION`을 사용해야 한다. 이 방식은 여러 개의 입력을 가진 Tool을 사용할 수 없으며, 실행 시 오류가 발생한다. 따라서 14번째 줄에서 다중 입력을 가진 Tool인 `WriteFileTool`을 삭제한다.

agent_5.py

```
30. memory = ConversationBufferMemory(       ←ConversationBufferMemory를 초기화
31.     memory_key="chat_history",            ←메모리 키를 설정
32.     return_messages=True                  ←메시지를 반환하도록 설정
33. )
```

30번째 줄에서는 `ConversationBufferMemory`를 초기화해 Agent와 함께 사용할 준비를 하고 있다.

agent_5.py

```
35. agent = initialize_agent(
36.     tools,
37.     chat,
38.     agent=AgentType.CHAT_CONVERSATIONAL_REACT_DESCRIPTION,   ←Agent의 유형을 대화형으로 변경
39.     memory=memory,       ←Memory를 지정
40.     verbose=True
41. )
```

이어 38번째 줄에서는 agent를 `AgentType.CHAT_CONVERSATIONAL_REACT_DESCRIPTION`으로 변경해 대화형 Agent를 실행할 수 있게 했다.

또한, 39번째 줄은 Agent의 대화 내역을 저장하는 데 사용할 Memory 모듈을 지정한다.

agent_5.py

```
43. result = agent.run("스카치 위스키에 대해 Wikipedia에서 찾아보고 그 개요를 한국어로
    개요를 정리하세요.")        ←위키백과에서 찾아보라고 지시
44. print(f"1차 실행 결과: {result}")        ←실행 결과를 표시
45. result_2 = agent.run("이전 지시를 다시 한번 실행하세요.")   ←이전 지시를 다시 실행하도록 지시
46. print(f"2차 실행 결과: {result_2}")        ←실행 결과를 표시
```

43번째 줄에서는 Agent를 실행하고, 45번째 줄에서는 이전과 동일한 명령을 실행하도록 명령하고 있다. 두 번째 실행에서는 구체적인 지시를 하지 않았지만, Memory 모듈을 함께 사용함으로써 대화 기록을 기반으로 명령을 실행할 수 있게 됐다.

다음으로 실행 결과를 살펴보자.

```
> Entering new AgentExecutor chain...
{
    "action": "WikipediaRetriever",
    "action_input": "스카치 위스키"
}
Observation: [Document(page_content='스카치 위스키(Scotch whisky)는 스코틀랜드에서
제조되는 위스키이다. 영국에서는 "위스키"(whisky)라고 하면, 특별한 언급이 없는 한 스카치
위스키를 가리킨다. 미국에서는 짧게 줄여 "스카치"라고도 불린다.\n\n\n== 역사 ==\n"To
Friar John Cor, by order of the King, to make aqua vitae VIII bolls of malt." - Exchequer
Rolls 1494-95, vol x, p. 487.위스키는 영국 스코틀랜드 지방에서 4~5세기 무렵에 수도 승들이
가지고 들어왔다고 추정되는 증류주 제조술을 바탕으로 제조되어 왔다. 1644년에는 위스키
제조에 세금이 붙기 시작하였는데, 이는 전국적으로 은밀한 위스키 제조를 성행하게 만들었고,
급기야는 1780년 무렵 합법 증류소는 8곳인데 반해 불법 증류소는 400여곳이 될 정도로
불법 위스키 제조가 성행하였다. 이에 1823년, 영국 의회는 "소비세법"을 강화하여 면허를
가지고', metadata={'title': '스카치 위스키', 'summary': '스카치 위스키(Scotch whisky)는
스코틀랜드에서 제조되는 위스키이다. 영국에서는 "위스키"(whisky)라고 하면, 특별한 언급이
없는 한 스카치 위스키를 가리킨다. 미국에서는 짧게 줄여 "스카치"라고도 불린다.',
'source': 'https://ko.wikipedia.org/wiki/%EC%8A%A4%EC%B9%B4%EC%B9%98_%EC%9C%84%EC%8A%A4%E
D%82%A4'})]
Thought:{
    "action": "Final Answer",
    "action_input": "스카치 위스키는 스코틀랜드에서 제조되는 위스키로, 영국에서는
'위스키'라고 하면 스카치 위스키를 가리킵니다. 미국에서는 짧게 줄여 '스카치'라고도
불립니다."
}


> Finished chain.
1차 실행 결과: 스카치 위스키는 스코틀랜드에서 제조되는 위스키로, 영국에서는 '위스키'라고
하면 스카치 위스키를 가리킵니다. 미국에서는 짧게 줄여 '스카치'라고도 불립니다.
```

이 부분에서는 안내에 따라 위키백과에서 기사를 검색하고 개요를 정리한다. 여기까지가 Agent의 첫 번째 실행이다.

```
> Entering new AgentExecutor chain...
{
    "action": "WikipediaRetriever",
    "action_input": "스카치 위스키"
}
Observation: [Document(page_content='스카치 위스키(Scotch whisky)는 스코틀랜드에서
제조되는 위스키이다. 영국에서는 "위스키"(whisky)라고 하면, 특별한 언급이 없는 한 스카치
위스키를 가리킨다. 미국에서는 짧게 줄여 "스카치"라고도 불린다.\n\n== 역사 ==\n"To
Friar John Cor, by order of the King, to make aqua vitae VIII bolls of malt." - Exchequer
Rolls 1494-95, vol x, p. 487.위스키는 영국 스코틀랜드 지방에서 4~5세기 무렵에 수도 승들이
가지고 들어왔다고 추정되는 증류주 제조술을 바탕으로 제조되어 왔다. 1644년에는 위스키
제조에 세금이 붙기 시작하였는데, 이는 전국적으로 은밀한 위스키 제조를 성행하게 만들었고,
급기야는 1780년 무렵 합법 증류소는 8곳인데 반해 불법 증류소는 400여곳이 될 정도로
불법 위스키 제조가 성행하였다. 이에 1823년, 영국 의회는 "소비세법"을 강화하여 면허를
가지고', metadata={'title': '스카치 위스키', 'summary': '스카치 위스키(Scotch whisky)는
스코틀랜드에서 제조되는 위스키이다. 영국에서는 "위스키"(whisky)라고 하면, 특별한 언급이
없는 한 스카치 위스키를 가리킨다. 미국에서는 짧 게 줄여 "스카치"라고도 불린다.',
'source': 'https://ko.wikipedia.org/wiki/%EC%8A%A4%EC%B9%B4%EC%B9%98_%EC%9C%84%EC%8A%A4%E
D%82%A4'})]
Thought:{
    "action": "Final Answer",
    "action_input": "스카치 위스키는 스코틀랜드에서 제조되는 위스키로, 영국에서는
'위스키'라고 하면 스카치 위스키를 가리킵니다. 미국에서는 짧게 줄여 '스카치'라고도
불립니다."
}

> Finished chain.
2차 실행 결과: 스카치 위스키는 스코틀랜드에서 제조되는 위스키로, 영국에서는 '위스키'라고
하면 스카치 위스키를 가리킵니다. 미국에서는 짧게 줄여 '스카치'라고도 불립니다.
```

두 번째 실행은 Memory 모듈과 결합해 첫 번째 실행과 동일하게 실행되는 것을 확인할 수 있다.

이상으로 Agent 모듈과 Memory 모듈을 결합해 이전 상호작용을 기반으로 지시를 내리게 할 수 있었다.

◉ Point Agent 내부에서 언어 모델 호출 횟수 제한하기

Agent는 Tool을 사용하여 주어진 Task를 달성하려고 하는데, 어떤 Tool을 사용해도 Task를 완벽하게 처리할 수 없는 경우, Tool의 실행을 끝없이 반복하는 경우가 있다. 이러한 문제를 해결하기 위해 `max_iterations`라는 옵션이 제공된다. 예를 들어 Tool의 실행 횟수를 5회까지로 제한하고 싶다면 다음과 같이 설정한다.

```
agent = initialize_agent(
    tools,
    chat,
    agent=AgentType.STRUCTURED_CHAT_ZERO_SHOT_REACT_DESCRIPTION,
    max_iterations=5,    ← Agent의 최대 반복 횟수 지정
)
```

최대 실행 횟수를 제한함으로써 불필요한 언어 모델 호출로 인한 과금을 방지할 수 있다. Agent를 사용한 애플리케이션을 출시할 때 설정하는 것을 권장한다.

Column **특정 사용 사례에 특화된 Tool을 정리한 Toolkit**

Agents 모듈에는 특정 용도에 맞는 Tool들을 모은 Toolkit이라는 하위 모듈이 있다. 그중 몇 가지 Toolkit을 소개한다.

- GmailToolkit

  GmailToolkit은 구글이 제공하는 메일 서비스인 지메일(Gmail)을 조작할 수 있는 도구를 제공한다. 이메일 보내기, 검색, 초안 작성 등, 에이전트를 사용해 지메일을 조작할 수 있다.

- PlayWrightBrowserToolkit

  PlayWrightBrowserToolkit은 크롬 등의 브라우저를 프로그램에서 조작할 수 있는 애플리케이션인 PlayWright를 사용해 에이전트로 브라우저에서 URL을 열고, 내용을 확인하고, 링크를 클릭할 수 있는 Tool을 제공한다.

- SQLDatabaseToolkit

  SQL을 사용해 데이터베이스에서 데이터를 조회, 업데이트, 삭제하는 도구를 제공한다. 에이전트를 사용해 SQL 문을 쉽게 실행할 수 있다.

- JiraToolkit

  프로젝트 관리 및 팀 작업 관리를 간소화하기 위한 소프트웨어인 Jira를 조작하기 위한 Tool이 제공된다. 페이지, 이슈 등을 만들거나 가져올 수 있다.

Callbacks –
다양한 이벤트 발생 시
처리하기

#Callbacks #이벤트

Callbacks 모듈로 할 수 있는 일 알아보기

💬 먼저 기본을 알자

랭체인에는 언어 모델을 사용해 애플리케이션의 다양한 단계에 개입할 수 있는 Callbacks 모듈이 있다. 어떤 것들이 가능한지 살펴보자.

▌로그 수집 및 모니터링, 다른 애플리케이션과 연동 가능

랭체인의 Callbacks 모듈은 언어 모델을 사용하는 애플리케이션에서 (Agent 실행 시작 등) 이벤트 발생 시 특정 처리를 실행하는 기능이다. 이 모듈을 이용하면 애플리케이션의 상세한 실행 로그를 파일이나 터미널로 출력할 수 있다.

랭체인은 다양한 Callbacks를 제공하며, Callbacks 모듈을 통해 일반적인 기능을 쉽게 구현할 수 있다.

또한, 3장 등에서 소개한 채팅 화면을 쉽게 만들 수 있는 chainlit이나 기타 외부 라이브러리, 애플리케이션과 연동하는 것도 가능하다. 이 연동 기능을 통해 서로 다른 플랫폼이나 도구 간의 데이터 교환을 효율적으로 할 수 있다.

그리고 사용자가 직접 Callbacks를 구현할 수 있는 것도 이 모듈의 특징이다. 이를 통해 랭체인을 사용하는 애플리케이션의 확장성을 더욱 높일 수 있다.

다음 섹션에서는 Callbacks 모듈에서 외부 라이브러리와 연동하는 방법을 알아보겠다.

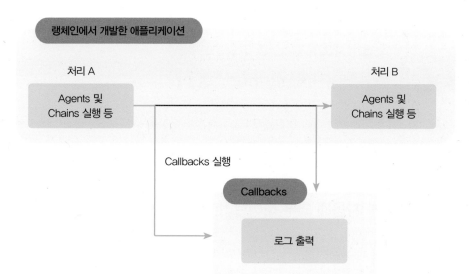

Callbacks 모듈을 사용해 외부 라이브러리와 연동하기

💬 중간 과정을 가시화 하자!

이 섹션에서는 chainlit에서 제공하는 랭체인과의 연동을 위한 기능을 사용해 Callbacks 모듈이 어떻게 작동하는지 살펴보자.

▌준비된 클래스를 사용해 외부 라이브러리와 연동할 수 있다

채팅 화면을 쉽게 만들 수 있는 라이브러리인 chainlit은 Callbacks 모듈을 통해 랭체인과 쉽게 연동할 수 있는 기능을 제공한다. 이 섹션에서는 이 연동 기능과 Agents 모듈을 통해 어떤 일을 할 수 있는지 살펴보겠다.

07_callback이라는 디렉터리를 생성하고 VS Code의 [파일] 메뉴의 [새 텍스트 파일]에서 chainlit_callback.py라는 파일을 생성하고 다음과 같이 입력한다.

chainlit_callback.py

```
01. import chainlit as cl
02. from langchain.agents import AgentType, initialize_agent, load_tools
03. from langchain.chat_models import ChatOpenAI
04.
05. chat = ChatOpenAI(
06.     temperature=0,
07.     model="gpt-3.5-turbo"
08. )
09.
10. tools = load_tools(
11.     [
12.         "serpapi",
13.     ]
14. )
15.
16. agent = initialize_agent(tools=tools, llm=chat, agent=AgentType.CHAT_ZERO_SHOT_REACT_DESCRIPTION, verbose=True)
17.
```

```
18.  @cl.on_chat_start
19.  async def on_chat_start():
20.      await cl.Message(content="Agent 초기화 완료").send()
21.
22.  @cl.on_message
23.  async def on_message(input_message):
24.      result = agent.run(              ← Agent를 실행
25.          input_message,               ← 입력 메시지
26.          callbacks=[                  ← 콜백을 지정
27.              cl.LangchainCallbackHandler()          ← chainlit에 준비된 Callbacks를 지정
28.          ]
29.      )
30.      await cl.Message(content=result).send()
```

입력이 완료되면 VS Code의 터미널에서 다음 명령을 실행한다.

```
chainlit run chainlit_callback.py
```

브라우저가 실행되고 채팅 화면이 나타나면 '광화문이 어디에 있는지 한국어로 대답하세요'라고 전송해 보자. 그러면 중간에 [Took 3 steps]라고 표시되는데, 이를 펼치면 처리 과정에서 어떤 Tool이 사용되고 있는지 등의 정보가 표시된다.

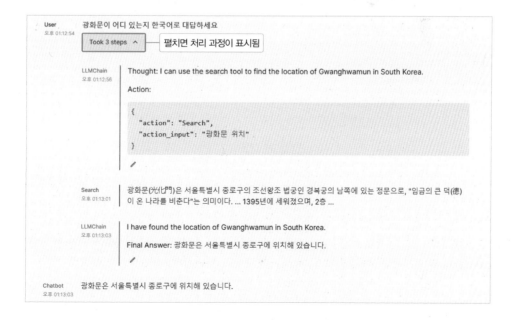

이 표시는 Callbacks 모듈을 사용하는 랭체인과 chainlit의 연동을 통해 가능하다.

참고로 이번 코드에서는 Callbacks 모듈의 작동을 확인하기 위해 Agents 모듈을 사용하고 있다. 6장에서 설명했듯이 Agents 모듈은 Tool을 실행해야 하는지 등의 생각을 영어로 하는 관계로 응답이 영어로 나올 수 있다. 따라서 이 책에서 보여주는 결과와 다르게 표시될 수 있다.

구체적인 코드를 확인해 어떻게 연동되는지 살펴보자.

chainlit_callback.py

```
16.  agent = initialize_agent(tools=tools, llm=chat, agent=AgentType.CHAT_ZERO_SHOT_REACT_D
     ESCRIPTION, verbose=True)
17.
18.  @cl.on_chat_start
19.  async def on_chat_start():
20.      await cl.Message(content="Agent 초기화 완료").send()
```

자세한 설명은 생략하지만, SerpApi Tool을 사용해 16번째 줄에서 Agents 모듈이 초기화되어 Agents를 사용할 수 있는 상태가 됐다.

다음으로, 18번째 줄에서는 `@cl.on_chat_start`로 메시지를 전송한다.

chainlit_callback.py

```
22.  @cl.on_message
23.  async def on_message(input_message):
24.      result = agent.run(              ← Agent를 실행
25.          input_message,               ← 입력 메시지
26.          callbacks=[                  ← 콜백을 지정
27.              cl.LangchainCallbackHandler()          ← chainlit에 준비된 Callbacks를 지정
28.          ]
29.      )
30.      await cl.Message(content=result).send()
```

22번째 행의 `@cl.on_message`는 메시지가 전송될 때마다 실행되는 처리를 기술하고 있다. `agent.run`을 실행할 때 chainlit에서 제공하는 `cl.LangchainCallbackHandler()`를 callbacks로 지정한다. 여기에 지정함으로써 랭체인과 chainlit의 연동이 가능해진다.

이번 예제에서는 어떤 처리를 실행하는 타이밍을 예로 들었지만, Chains 모듈이나 Language models 모듈의 초기화 시점에 Callbacks 모듈을 설정해 다양한 처리를 끼워 넣음으로써 라이브러리나 외부 서비스와 연동하게 할 수 있다. 다음 절에서는 Callbacks 모듈을 직접 만들어서 어떻게 작동하는지 자세히 알아보겠다.

📍**Point** Callbacks로 연동할 수 있는 라이브러리 및 서비스

랭체인은 Callbacks 모듈을 통해 라이브러리 및 서비스와 연동할 수 있다. 여기서 그중 일부를 소개한다.

■ **Streamlit**

Streamlit은 파이썬으로 쉽게 웹 애플리케이션을 개발할 수 있는 프레임워크다. Callbacks 모듈을 사용해 chainlit과 마찬가지로 애플리케이션의 상태를 쉽게 표시할 수 있다.

■ **LLMonitor**

AI를 사용한 애플리케이션이 정상적으로 작동하는지 모니터링할 수 있다. 애플리케이션의 사용 횟수나 생성 결과 등의 항목을 간단히 감시해, 예상치 못한 작동을 하는지 등을 조사할 수 있다.

■ **Context**

AI를 활용한 애플리케이션 경험을 개선하기 위한 분석을 할 수 있다. 고유 사용자가 얼마나 많은지 모니터링하고 사용하기 쉬운 애플리케이션을 만들 수 있게 도와준다.

로그 자체 제작 Callbacks

section

03 로그를 터미널에 표시할 수 있는
Callbacks 만들기

💬 Callbacks를 직접
만들어 보자

이벤트 발생 시 로그를 터미널에 표시할 수 있는 기능을 만들어 Callbacks 모듈의 사용법을 알아보자.

▌Callbacks 모듈을 직접 제작해 이벤트 발생 시 처리를 수행한다

Callbacks 모듈은 특정 타이밍에 처리를 수행하기 위한 모듈이라고 이전 섹션에서 설명했다. 여기서는 그 작동을 확인하기 위해, 2장에서 작성한 language_models.py에 터미널에 메시지를 표시하는 기능을 추가해 보겠다.

랭체인에서는 이벤트 발생 시 터미널에 로그를 표시하는 기능을 가진 StdOutCallbackHandler라는 이름의 Callbacks 모듈이 있다. 이번에는 이 기능의 사용법을 이해하기 위해 직접 만들어 보자.

Chat model과 자체 제작한 Callbacks 모듈 결합

VS Code의 [파일] 메뉴의 [새 텍스트 파일]에서 log_callback.py라는 파일을 생성하고 다음과 같이 입력한다.

log_callback.py

```
01. from langchain.callbacks.base import BaseCallbackHandler    ← BaseCallbackHandler 가져오기
02. from langchain.chat_models import ChatOpenAI
03. from langchain.schema import HumanMessage
04.
05.
06. class LogCallbackHandler(BaseCallbackHandler):    ← Callback을 생성
07.
08.     def on_chat_model_start(self, serialized, messages, **kwargs):    ← Chat models 실행 시작
                                                                            시 호출되는 처리를 정의
09.         print("Chat models 실행 시작....")
```

```
10.          print(f"입력: {messages}")
11.
12.      def on_chain_start(self, serialized, inputs, **kwargs):    ← Chain 실행 시작 시 호출되는
                                                                        처리를 정의
13.          print("Chain 실행 시작....")
14.          print(f"입력: {inputs}")
15.
16.  chat = ChatOpenAI(
17.      model="gpt-3.5-turbo",
18.      callbacks=[          ← Chat models 초기화 시 Callback을 지정
19.          LogCallbackHandler()     ← 생성한 LogCallbackHandler를 지정
20.      ]
21.  )
22.
23.  result = chat([
24.      HumanMessage(content="안녕하세요!"),
25.  ])
26.
27.  print(result.content)
```

저장한 후 VS Code의 터미널에서 다음 명령을 실행한다.

```
python3 log_callback.py
```

다음과 같은 출력을 확인할 수 있다.

```
Chat models 실행 시작....
입력: [[HumanMessage(content='안녕하세요!', additional_kwargs={}, example=False)]]
안녕하세요! 어떻게 도와드릴까요?
```

이제 코드의 변경 사항을 살펴보겠다.

log_callback.py

```
01.  from langchain.callbacks.base import BaseCallbackHandler    ← BaseCallbackHandler 가져오기
```

1번째 줄에서는 Callbacks를 자체 제작하기 위해 필요한 BaseCallbackHandler를 가져온다.

log_callback.py

```
06.  class LogCallbackHandler(BaseCallbackHandler):    ← Callback을 생성
07.
08.      def on_chat_model_start(self, serialized, messages, **kwargs):    ← Chat models 실행 시작
                                                                             시 호출되는 처리를 정의
09.          print("Chat models 실행 시작....")
10.          print(f"입력: {messages}")
11.
12.      def on_chain_start(self, serialized, inputs, **kwargs):    ← Chain 실행 시작 시 호출되는
                                                                       처리를 정의
13.          print("Chain 실행 시작....")
14.          print(f"입력: {inputs}")
```

랭체인의 Callbacks 모듈은 BaseCallbackHandler를 상속받은 클래스로 정의해야 하는데, 6번째 줄에서는 BaseCallbackHandler를 상속받은 LogCallbackHandler 클래스를 정의하고 있다. Callbacks 모듈에서 생성하는 클래스는 '~ CallbackHandler'라는 형식으로 작성하는 관습이 있는데, 이를 따라 LogCallbackHandler로 정의하고 있다. 이렇게 생성한 클래스 내에서 미리 정해진 형식으로 메서드를 정의하면 함수 내 처리가 정해진 타이밍에 실행된다.

8행에서 정의한 on_chat_model_start는 ChatModel 실행 시작 시 호출되며, 9~10행에서는 print 문으로 로그를 출력한다.

12번째 줄에 정의한 on_chain_start는 Chains 시작 시 호출되는 처리다. 이것으로 Callbacks 모듈을 이용한 LogCallbackHandler의 정의가 완료됐다.

log_callback.py

```
16.  chat = ChatOpenAI(
17.      model="gpt-3.5-turbo",
18.      callbacks=[        ← Chat models 초기화 시 Callback을 지정
19.          LogCallbackHandler()    ← 생성한 LogCallbackHandler를 지정
20.      ]
21.  )
```

16번째 줄부터는 ChatOpenAI의 초기화 시 callbacks 매개변수를 추가하고, 생성한 LogCallbackHandler를 설정한다. 이렇게 설정하면 Chat models가 실행될 때마다 LogCallbackHandler를 작동시킬 수 있다.

이제 초기화한 Chat models를 실행하면 `LogCallbackHandler` 내의 `on_chat_model_start`가 실행되어 다음과 같은 내용이 출력되는 것을 확인할 수 있다.

```
Chat models 실행 시작....
입력: [[HumanMessage(content='안녕하세요!', additional_kwargs={}, example=False)]]
```

이번에는 Chat models 모듈을 호출한 것이므로 Chains 실행 시 호출되는 12번째 줄의 `on_chain_start`가 실행되지 않은 것을 알 수 있다.

이처럼 Callbacks 모듈은 설정된 메서드 중 실행 시 해당 메서드가 존재하는 경우에만 실행된다.

이 외에도 Agents 모듈에서 Tool 실행 시, Retrievers 모듈에서 검색이 완료된 시점 등 다양한 이벤트 발생 시 처리를 끼워넣을 수 있는 메서드들이 준비돼 있다.

어떤 메서드를 설정할 수 있는지는 공식 문서(`https://python.langchain.com/`) 등을 통해 확인할 수 있다.

이상으로 Callbacks 모듈을 직접 만들어 이벤트 발생 시 처리하는 방법을 알아봤다.

> **◉ Point** Callbacks는 초기화 타이밍과 실행 타이밍에서 설정할 수 있다
>
> Callbacks는 초기화의 타이밍과 실행의 타이밍, 이 두 타이밍에서 설정할 수 있다.
>
> - 초기화 시 설정: 초기화 타이밍에서 설정한 Callbacks는 이벤트가 발생할 때마다 실행된다. 이번 예에서는 ChatOpenAI의 초기화 시에 `LogCallbackHandler()`를 설정하고 있다. 이로 인해 ChatOpenAI가 실행될 때마다 `LogCallbackHandler()`의 처리가 실행된다.
> - 실행 시 설정: 반면, 실행 타이밍에서 설정한 Callbacks는 실행 타이밍에서만 실행된다. 일시적인 이벤트 처리를 하고 싶거나 특정 실행에만 적용하고 싶은 처리를 추가할 때 사용한다. 예를 들어 특정 API 요청을 실행할 때만 특별한 로그를 출력하고 싶은 경우에 사용할 수 있다.
>
> 초기화 타이밍과 실행 타이밍에서 설정할 수 있는 Callbacks는 유연한 처리를 삽입할 수 있는 강력한 도구다. 초기화 타이밍에 설정하면 공통의 처리를 일원화해 관리할 수 있고, 실행 타이밍에서 설정하면 개별적인 처리를 추가할 수 있다. 이러한 특성을 활용해 애플리케이션의 작동을 세밀하게 제어할 수 있다.

부록

랭체인에 대해
더 자세히 알아보는 팁

공식 문서 # Code understanding # Tagging

{01} section 공식 문서의 사용 사례에서 배우기

정보의 충실도가 가장 높다!

랭체인의 공식 문서에는 어떤 일을 할 수 있는지에 대한 구체적인 예시가 많이 나와 있다.

공식 문서 보기

공식 문서는 영어로 되어 있지만, 매우 풍부한 정보를 담고 있어 이 책에서 다루지 않는 내용이나 업데이트된 정보를 알고 싶을 때 유용하게 활용할 수 있다.

- 공식 문서

```
https://python.langchain.com/
```

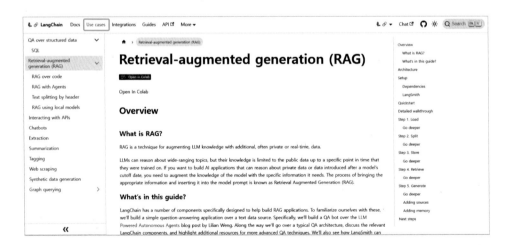

위의 웹페이지에 접속한 후 [Use cases]를 클릭해 어떤 사용 사례가 있는지 살펴보자. 이 책에서는 알기 쉽고 체계적으로 이해하기 위해 다음과 같이 설명한다.

랭체인 모듈별로 설명했지만, 이 페이지에서는 사용 사례별로 정리해 놓았으니, 랭체인으로 어떤 애플리케이션을 만들 수 있는지 더 자세히 알고 싶다면 이 페이지를 확인하기 바란다.

어떤 사용 사례가 준비돼 있는지 몇 가지를 소개한다.

Code understanding

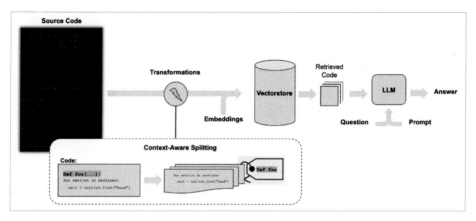

https://python.langchain.com/docs/use_cases/code_understanding

Retrieval 모듈을 사용해 파이썬 등의 소스코드를 기반으로 질문할 수 있는 챗봇을 만들 수 있다.

Tagging

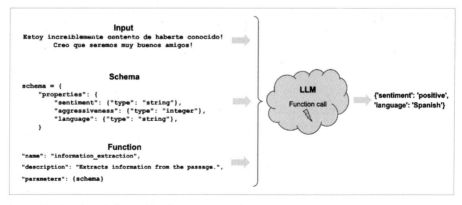

https://python.langchain.com/docs/use_cases/tagging

문장에 태그를 붙일 수 있는 Chains를 통해 입력된 문장의 공격성 평가, 언어 판단 등을 수행한다.

공식 블로그 # awesome-langchain

랭체인의 공식 블로그 및 기타 소스 확인

참고할 수 있는 자료들

어떤 새로운 기술이 탄생하고, 어떻게 구현되는지 파악하는 것은 언어 모델을 이용한 애플리케이션을 개발하는 데 있어 중요하다.

랭체인 공식 블로그

먼저 랭체인이 준비한 공식 블로그를 소개한다.

- 랭체인 공식 블로그

  https://blog.langchain.dev/

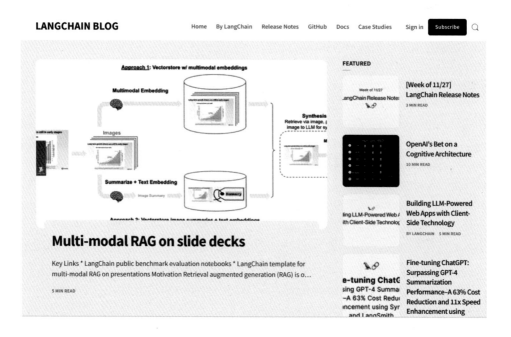

블로그에는 랭체인에서 자주 이뤄지는 기능 추가 등의 업데이트 정보뿐만 아니라, 사용 사례를 소스코드와 함께 설명한 글 등 공식 문서에 실리지 않은 다양한 글이 공개돼 있다.

또한, 랭체인과 관련된 새로운 서비스에 대한 정보도 함께 게재돼 있다. 오른쪽 상단의 [Subscribe]에서 설정하면 이메일로 업데이트 소식을 받아볼 수 있다. 꼭 등록해 최신 정보를 접하도록 하자.

awesome-langchain으로 랭체인 관련 정보 수집하기

랭체인을 사용한 프로젝트와 관련 정보를 모아놓은 저장소인 'awesome-langchain'이 깃허브에 공개돼 있다.

- awesome-langchain

  https://github.com/kyrolabs/awesome-langchain

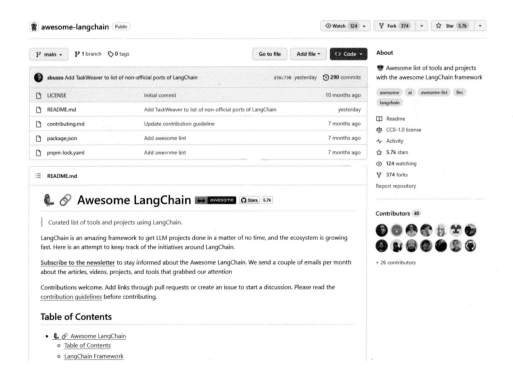

이 저장소에는 랭체인을 활용한 오픈소스 프로젝트와 관련 도구, 라이브러리, 튜토리얼 등에 대한 링크가 공개돼 있다.

실제로 랭체인을 이용해 개발할 때 비슷한 기능을 구현한 프로젝트의 소스코드를 확인해 구현에 참고할 수 있다.

랭체인과 연동할 수 있는 언어 모델 및 외부 시스템 확인하기

랭체인은 다양한 언어 모델 및 외부 시스템과 연동할 수 있다. 공식 문서에서 [Integrations] 페이지를 열면 연동 가능한 언어 모델과 외부 서비스를 확인할 수 있다.

- 공식 문서 'Integrations' 페이지

  https://python.langchain.com/docs/integrations/providers

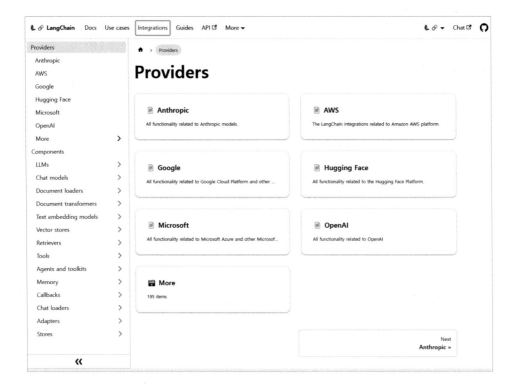

[Integrations]를 클릭해 어떤 것들이 있는지 살펴보자.

이 책의 3장에서는 벡터 데이터베이스로 크로마(Chroma), 파인콘(Pinecone)을 소개했는데, 화면 왼쪽의 목록에서 [Memory]를 클릭하면 그 밖에도 연동할 수 있는 다양한 외부 시스템이 준비돼 있음을 알 수 있다. 유용한 외부 서비스를 찾는 계기가 될 수도 있으니 꼭 확인해 보자.

왼쪽 목록의 [Chat models]에는 OpenAI 외에도 다양한 언어 모델과의 연동이 준비돼 있다. 용도에 따라 이러한 언어 모델을 사용하면 비용을 낮추거나 성능을 향상시킬 수 있는 가능성이 있으므로 꼭 한번 살펴보기를 권한다.

찾아보기